EINFACH GUT

*Cornelia Zingerling*

# Mexikanische Küche

FALKEN

## Inhalt

# Zu diesem Buch

Was wir heute als „typisch mexikanische Küche kennen, hat sich im Laufe der ereignisreichen Geschichte des Landes entwickelt. Ihre Spezialitäten bieten heute eine Mischung aus indianischen und europäischen Elementen und sind außerordentlich vielfältig und schmackhaft. Wer allerdings nur Tacos und Chili con carne kennt, wird vom Reichtum dieser Küche überrascht sein. Lassen Sie sich von den Rezepten dieses Buches auf eine kulinarische Reise entführen! Für die Kombination der einzelnen Gerichte gibt es keine festen Regeln, so daß Sie beim Zusammenstellen der einzelnen Gänge oder auch eines Menüs Ihrer Phantasie freien Lauf lassen können. Für ein Menü à la Mexicana bieten sich beispielsweise an:
Tequila Sunrise (Seite 60) – Gefüllte Avocados (Seite 9) – Maissuppe (Seite 16) – Huhn in Schokoladensauce (Seite 18.) mit Guacamole (Seite 58) und Reis (Seite 50) oder Zapopán (Seite 61)
Tortillas mit Picadillo (Seite 8) – Tomatensuppe (Seite17) – Fisch à la Veracruz (Seite 40) mit gegrillten Maiskolben (Seite 53) und Reis (Seite 50).
Es wurden nur Rezepte aufgenommen, deren Zutaten bei uns erhältlich sind. Bei ausgefallenen Zutaten gibt es bei den einzelnen Rezepten Hinweise auf Ersatzprodukte. Besondere Lebensmittel wie z. B. Chilischoten oder Maismehl für Tortillas können Sie in gut sortierten Supermärkten, in Läden für ausländische Spezialitäten oder auf dem Wochenmarkt bekommen. Auf Seite 64 finden Sie Adressen von Bezugsquellen, bei denen Sie mexikanische Lebensmittel bestellen können.
Fast alle Rezepte sind für 4 Personen berechnet, die wenigen Ausnahmen sind im Rezeptkopf angegeben. Sie finden bei jedem Rezept ein Stichwort zur Charakterisierung des Geschmacks und Empfehlungen für passende Beilagen. Darüber hinaus gibt es neben der Kalorienangabe einen Hinweis zum Zeitaufwand, wobei die Zubereitungszeit die Vorbereitungs- und Garzeit umfaßt:
schnell: Zubereitungszeit bis zu 1/2 Stunde
braucht Zeit: Zubereitungszeit 1/2 Stunde bis 1 1/2 Stunden
zeitintensiv: Zubereitungszeit mehr als 1 1/2 Stunden.
Bei der Zubereitung gehen wir davon aus, daß Gemüse und Kräuter geputzt und gewaschen sind. Daher werden diese Arbeitsgänge in den Rezepten nicht mehr eigens erwähnt. Garzeiten und Temperaturangaben beziehen sich auf einen Elektroherd.

Abkürzungen:

| | | |
|---|---|---|
| EL | = | Eßlöffel (gestrichen) |
| TL | = | Teelöffel (gestrichen) |
| Msp. | = | Messerspitze |
| TK-... | = | Tiefkühl-... |
| l | = | Liter |
| ml | = | Milliliter |
| kg | = | Kilogramm |
| g | = | Gramm |
| kcal | = | Kilokalorien |
| ca. | = | circa |
| Min. | = | Minute(n) |
| Std. | = | Stunde(n) |
| °C | = | Grad Celsius |

Die Rezepte sind für 4 Personen berechnet. Ausnahmen sind im Rezeptkopf angegeben.
Die Kalorienangaben beziehen sich immer auf 1 Portion.
Die Anordnung der Gerichte auf den Fotos entspricht der Reihenfolge der Rezepte auf der jeweiligen Seite.

# Die mexikanische Küche

Die mexikanische Küche, wie wir sie heute kennen, basiert auf jahrhundertealten Traditionen, die sich zum Teil bis in unsere Tage erhalten haben. Schon bevor im 16. Jahrhundert die spanische Eroberung einsetzte, gab es eine reichhaltige, abwechslungsreiche und geradezu „raffinierte" Küche. Viele Gemüse- und Fruchtsorten, die heute zu unserer Küche gehören, stammen aus Mexiko und kamen erst durch die Spanier nach Europa. Dazu gehören z.B. Tomaten, Bohnen, Kürbisse, Erdnüsse, Kakao und Vanille. Umgekehrt wurde die mexikanische Küche durch Produkte aus Europa bereichert: in Mexiko kannte man kein Rindfleisch, sondern man aß Schweinefleisch, Geflügel, Wild, Schildkröten und Kaninchen.

## Höllisch scharf: Chilischoten

Eine der wichtigsten Zutaten der mexikanischen Küche ist sicher die Chilischote, auf spanisch „chile". Es gibt in Mittelamerika eine Vielzahl von verschiedenen Chilischoten, von kirschgroß und höllisch scharf bis zu der Größe der hiesigen Paprikaschote, die aber von dunkelbrauner Farbe und aromatisch-mild ist.

Wenn man einen mexikanischen Markt besucht, ist man fasziniert von der ungeheuren Anzahl an verschiedenen Chilisorten, die säuberlich geordnet zu hohen Stapeln aufeinandergeschichtet werden. Es gibt die Typen ancho, mulato, pasilla, chipotle, jalpeño, morita, guajillo, cascapel, piquín und viele andere mehr. Dabei hat jede Sorte einen eigenen Geschmack, und deshalb ist es auch wichtig, die verschiedenen Chilis je nach Rezept zu verwenden, und nicht nur etwa auf eine beliebige getrocknete oder frische Chilischote zurückzugreifen.

Wir können viele Chili-Sorten in Dosen oder getrocknet kaufen, was für den Geschmack der verschiedenen Speisen sehr wichtig ist. Neben ihrer Schärfe haben die Chiles nämlich einen ausgeprägten Geschmack, was man von unseren „normalen" scharfen Pfefferschoten kaum behaupten kann – sie sind einfach nur scharf. Man muß aber auch bedenken, daß man die Schärfe variieren kann, indem man die Kerne mehr oder weniger vollständig entfernt. Je mehr Kerne man in der Chilischote läßt, desto schärfer wird das Gericht. Falls Sie getrocknete Chilischoten zwischen den Fingern zerreiben, unbedingt danach die Hände waschen! Mexikaner können für unseren Geschmack unheimlich scharf essen. In diesem Buch ist die Menge der Chilischoten aber auf ein „erträgliches" Maß herabgesetzt. Es bleibt aber letztendlich jedem selbst überlassen, die Gerichte schärfer oder milder zu machen.

## Sehr vielseitig: Mais

Ein Grundnahrungsmittel, das ebenfalls in Mexiko heimisch ist und mittlerweile die ganze Welt erobert hat, ist der Mais. Schon vor 8000 Jahren wurde im heutigen Mexiko Mais angebaut, und er ist das wichtigste Nahrungsmittel geblieben. Er gedeiht in fast allen Klimazonen. Meist wird er zusammen mit Bohnen oder Kürbis angepflanzt.

Mais ist mehr als ein Nahrungsmittel: seine Stengel, Wurzeln und Blätter können ebenfalls genutzt werden. So werden die „tamales", eine Art fester Maisbrei, in die Blätter gewickelt und darin gegart. Die entkörnten Kolben, „olotes" genannt, dienen als Werkzeug oder auch als Brennmaterial oder Ausgangsprodukt für Schnitzfiguren. Bei den Mexikas gab es sogar einen „Gott des Maises", „centeocihuatl" genannt, und eine „Göttin des Maiskolbens", „xilonen", und ihr zu Ehren wurden Feste gefeiert und Opfer dargebracht. Diese Feiern haben sich bis heute erhalten„ sie sind durch die Christianisierung jedoch etwas abgewandelt worden.

## Gehöhren immer dazu: Tortillas

Tortillas sind das „Brot" der Mexikaner und werden zu jedem Mahl gereicht. Gewöhnlich werden sie aus einem speziell hergestellten Maismehl zubereitet. Dafür werden die Maiskörner in Kalkwasser gekocht, wodurch die harte Schale aufspringt. Die gekochten Körner werden dann gemahlen. Diese Tortillamehl heißt „masa harina". Normales Maismehl kann man für Tortillas nicht nehmen, da der Teig nicht bindet und sehr spröde wird. In Mexiko benutzt man eine Tortilla-Presse, ähnlich unserem Waffeleisen, um die Fladen gleichmäßig zu formen.

In Mexiko heißen die verschiedenen Tortilla-Gerichte auch „antojitos", „kleine Vorspeisen", obwohl man mit Tortillas eine ganze Mahlzeit bestreiten kann. Es gibt eine ungeheure Vielfalt an verschiedenen Tortillasorten. Tacos werden aufgerollt und gebraten, Enchiladas durch eine Sauce gezogen, Tostadas knusprig gebraten.

Außerdem kennt man in Mexiko noch Sopes, Gorditas, Chalupas, Flautas, Quesadillas, Garnachas, Salbutes oder Sambutes und Panuchos, alle auf der Basis des runden oder ovalen Teigfladens, der Tortilla.

## Unentbehrlich: Bohnen

Neben Mais, Chiles und Tomaten spielen Bohnen in der mexikanischen Küche eine große Rolle. Sie werden zu fast jedem Gericht serviert, entweder nur in Wasser gekocht oder mit Fett gebraten. Wie der Mais können auch Bohnen in fast allen Klimazonen angebaut werden. Meist sind sie getrocknet und sind dadurch fast unbegrenzt haltbar. Am gebräuchlichsten sind die roten oder gefleckten Bohnen, jedoch sind auch weiße und schwarze Bohnen bekannt und beliebt. Wer sich nicht die Mühe machen will, getrocknete Bohnen einzuweichen und dann zu kochen, kann auf Bohnen in der Dose zurückgreifen.

Regionale Unterschiede sind in der mexikanischen Küche nicht sehr ausgeprägt. Generell kann man sagen, daß im Norden des Landes mehr Weizen und andere Getreide gegessen wird als in Zentralmexiko und im Süden, wo der Mais dominiert. Wenn ein Gericht „à la mexicana" heißt, so bedeutet das nicht, daß es ganz Mexiko gekocht wird, sondern, daß es vom Bundesstaat Mexiko stammt, in dem auch die Hauptstadt Mexiko City liegt.

# VORSPEISEN, SUPPEN UND KLEINE GERICHTE

**In Mexiko ißt man gerne „zwischendurch" an den unzähligen Imbißständen und Garküchen. Hier finden Sie einige der beliebtesten und leckersten Kleinigkeiten neben der traditionellen und ungewöhnlichen Suppenrezepten der mexikanischen Küche.**

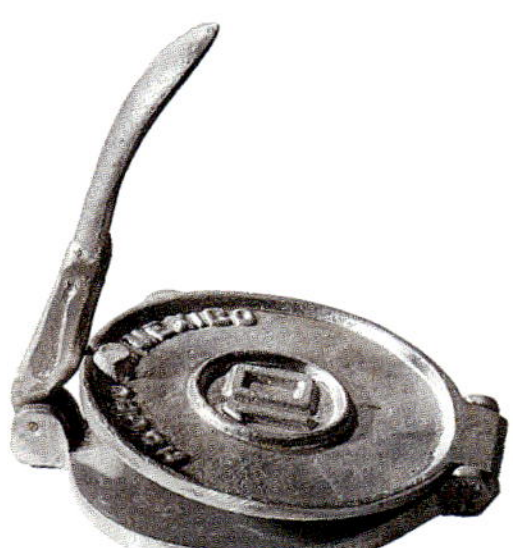


## Tortillas

- Zubereitungszeit: ca. 3/4 Std.
- ca. 50 kcal je Stück
- Dazu passen Rote Bohnen oder Avocadopüree *(Rezepte S. 50 und 58)*
- Für ca. 10 Stück:

**150 g Maismehl für Tortillas (masa harina)**
**Salz**

**1.** Das Maismehl mit Salz und etwa 200 ml Wasser zu einem Teig verkneten und diesen in etwa 10 Portionen teilen.

**2.** Jedes Teigstück zu einer Kugel formen und zwischen den Handflächen flach drücken, dann mit dem Nudelholz rund ausrollen (Durchmesser 10 bis 12 cm). Am einfachsten geht es, wenn man den Teig zwischen zwei Lagen Frischhaltefolie legt. Anschließend die Folie abziehen.
Falls die Ränder der Teigfladen brechen, dem Teig etwas mehr Wasser hinzufügen.

**3.** Die Tortillas in einer beschichteten Pfanne ohne Fett jeweils 2 bis 3 Minuten von beiden Seiten backen, bis sie hellbraun sind.

**Tip:**

Für die Tortillas muß man unbedingt Maismehl für Tortillas (masa harina) verwenden, da der Teig mit normalem Maismehl nicht bindet. Wer öfter Tortillas zubereitet, kann sich eine Tortillapresse anschaffen.

Der Phantasie bei den Füllungen der Tortillas sind keine Grenzen gesetzt, die beliebtsten sind aber jene aus Bohnen, Schweine- oder Hühnerfleisch, Würstchen oder Käse.

Man kann natürlich auch Tortillas auf Vorrat backen und einfrieren. Und so hält man sie warm: In einem Körbchen unter einem warmen Tuch oder im Ofen bei 50 °C bleiben sie stundenlang frisch. Wer sich die Arbeit erleichtern möchte, kann auch fertige TK-Tortillas kaufen oder vakuumverpackte, die genauso lecker sind.

BRAUCHT ZEIT

**HERZHAFT**

## Maisfladen mit Hühnchenfüllung

- Zubereitungszeit: ca. 1/2 Std.
- ca. 290 kcal je Portion
- Dazu passen Rote Bohnen *(Rezept S. 52)*

**1 Hühnerbrust**
**2 geschälte Tomaten aus der Dose**
**2 EL Öl, 1 fein gehackte Zwiebel**
**2 getrocknete, zerriebene Chilischoten**
**Salz, 8 fertige Tortillas**
**2 EL Schweineschmalz, 8 EL saure Sahne**

**1.** Die Hühnerbrust in wenig Wasser 5 bis 10 Minuten gar dünsten, dann das Fleisch fein hacken. Die Tomaten in kleine Stücke schneiden. Das Öl in einer Pfanne erhitzen und die Zwiebel darin goldgelb braten, die Tomaten hinzufügen und alles unter Rühren köcheln lassen, bis die Flüssigkeit verdampft ist. Chilischoten und Hühnerfleisch hinzugeben und alles salzen.

**2.** Diese Mischung auf die Tortillas verteilen und diese aufrollen. Das Schweineschmalz in einer Pfanne erhitzen und die Tortillas darin vorsichtig von allen Seiten goldbraun braten.

**3.** Jeden Taco mit einem Eßlöffel saurer Sahne garnieren und sofort servieren.

## Maisfladen aus Yucatan

- Zubereitungszeit: ca. 1/2 Std.
- ca. 270 kcal je Portion
- Dazu paßt Tomatensauce *(Rezept S. 58)*

**3 chiles anchos**
**3 gehäutete Tomaten**
**1 geviertelte Zwiebel**
**2 gehackte Knoblauchzehen**
**1 EL Schweineschmalz**
**8 fertige Tortillas von ca. 10 cm ø (Rezept Seite 6/7), 2 EL Öl**
**2 hartgekochte, kleingehackte Eier**
**50 g gewürfelter Tosella (italienischer Frischkäse)**
**4 Radieschen in Scheiben**

**1.** Die Chilischoten 1 Stunde einweichen. Die Tomaten fein würfeln, diese zusammen mit Chilischoten, Zwiebel und Knoblauch pürieren und in heißem Schmalz 3 bis 4 Minuten braten, bis die Sauce nicht mehr flüssig ist.

**2.** Die Tortillas nacheinander in mäßig heißem Öl von beiden Seiten braten und durch die Sauce ziehen, herausnehmen und mit Eierwürfeln füllen. Die Tortillas aufrollen, mit Käsestückchen und Radieschen belegen.

## Topinambur-Salat

- Zubereitungszeit: ca. $^1/_2$ Std.
- ca. 280 kcal je Portion
- Dazu paßt gebratener Fisch

**750 g Topinambur-Knollen (Roßkartoffeln)**
**Salz**
**8–10 EL Erdußöl**
**4–6 EL milder Essig**
**Salz**
**gemahlener Pfeffer**
**1 TL Senf**

**1.** Die Topinamburknollen schälen und in etwa $^1/_4$ Stunde in Salzwassser weich kochen (wie Kartoffeln). Diese dann abgießen, abkühlen lassen und in Scheiben schneiden.

**2.** Aus Öl, Essig, Salz, Pfeffer und Senf eine Marinade rühren. Die Topinamburscheiben in eine Schüssel geben und mit der Marinade gut vermengen.

## Gefüllte Avocados

- Zubereitungszeit: ca. 20 Min.
- Zeit zum Kühlen: 2–3 Std.
- ca. 260 kcal je Portion
- Dazu passen Tortillas *(Rezept S. 6/7)*

**250 g geschälte Krabben**
**100 ml Limettensaft**
**1 geschälte Tomate**
**1 grüne Paprikaschote**
**8 entkernte grüne Oliven**
**1 kleine Zwiebel , 1 Knoblauchzehe,**
**1–2 entkernte chiles jalapeños**
**Salz, schwarzer Pfeffer**
**2 reife Avocados**

**1.** Die Krabben mit dem Limettensaft mischen und für 2 bis 3 Stunden in den Kühlschrank stellen. Tomate, Paprikaschote und Oliven fein würfeln, Zwiebel und Knoblauchzehe kleinhacken.

**2.** Die chiles jalapeños fein würfeln. Mit den Krabben und dem Limettensaft gut mischen und alles mit Salz und Pfeffer würzen. Die Avocados längs halbieren, jeweils die Kerne entfernen und die Avocadohälften mit der Krabbenmischung füllen.

BRAUCHT ZEIT · **ZART**

## Kartoffelbällchen

Zubereitungszeit: ca. 3/4 Std.

ca. 580 kcal je Portion

Dazu paßt Schweinefleisch in Chilisauce *(Rezept S. 20)*

**3 große Kartoffeln (à ca. 100 g)**
**200 g Maismehl für Tortillas**
**Salz**
**1 Eigelb**
**100 g kleingewürfelter Schmelzkäse**
**etwa 1/4 l Öl zum Ausbacken**
**1 Rezept Avocadopüree (Rezept S. 58)**

**1.** Die Kartoffeln in der Schale weich kochen, abgießen, pellen und durch die Kartoffelpresse drücken oder zerstampfen. Den Brei in eine Schüssel geben und zusammen mit Maismehl, Salz, Eigelb und Schmelzkäse zu einem Teig verkneten.

**2.** Aus der Teigmasse kleine Bällchen formen und diese in heißem Öl goldbraun ausbacken.

**3.** Mit Avocdaopüree servieren.

SCHNELL · **FEINWÜRZIG**

## Käsetörtchen

Zubereitungszeit: ca. 1/2 Std.

ca. 270 kcal je Portion

Dazu paßt Avocadopüree *(Rezept S. 58)*

**120 g Maismehl für Tortillas**
**Salz**
**50 g gekochter Schinken**
**1 Mozzarella (125 g)**
**2–4 getrocknete Chilischoten**
**1/2 l Öl zum Ausbacken**

**1.** Aus dem Maismehl, dem Salz und 150 ml Wasser 8 Tortillas von etwa 8 cm ø zubereiten. (nach Rezeptanweisung von S. 6/7, die Tortillas aber nicht backen). Die rohen Tortillas nebeneinander auf ein Brett legen.

**2.** Schinken und Mozzarella sehr klein schneiden, die Chilischoten zerreiben. Alles gründlich miteinander mischen. Diese Mischung auf die Tortillas verteilen. Die Tortillas zusammenklappen und an den Rändern gut zusammendrücken.

**3.** Das Öl in einer Pfanne erhitzen, die Törtchen darin schwimmend ausbacken, bis sie goldbraun geworden sind.

## Eier auf mexikanische Art

Zubereitungszeit: ca. 1/4 Std.

ca. 190 kcal je Portion

Dazu paßt getoastetes Weißbrot

**6 Eier**
**Salz, gemahlener schwarzer Pfeffer**
**1 Zwiebel, 2 Tomaten**
**1 entkernte grüne Chilischote**
**1–2 EL Olivenöl, 2 EL Korianderblättchen**

**1.** Die Eier verquirlen und nach Belieben mit Salz und Pfeffer würzen.

**2.** Die Zwiebel fein hacken. Die Tomaten in kleine Würfel schneiden. Die Chilischote in kleine Ringe schneiden.

**3.** Das Olivenöl in einer Pfanne erhitzen und Zwiebel, Tomatenwürfel und Chiliringe darin einige Minuten anbraten. Darauf achten, daß sie nicht braun werden!

**4.** Die Eimasse in die Pfanne gießen, dann bei sehr schwacher Hitze stocken lassen. Zum Schluß das Ganze mit den Korianderblättchen bestreuen.

## Salat aus rohem Fisch

Zubereitungszeit: ca. 20 Min.

Zeit zum Marinieren: 2–3 Std.

ca. 230 kcal je Portion

Dazu paßt Popcorn

**400 g Fischfilet (z.B. Rotbarsch)**
**200 ml Limetten- oder Zitronensaft**
**2 Tomaten, 1 kleine Zwiebel**
**2 Knoblauchzehen**
**1 entkernte grüne Chilischote**
**1 kleine reife Avocado, 2 EL Öl**
**Salz, gemahlener schwarzer Pfeffer**
**1–2 EL Korianderblättchen**

**1.** Das Fischfilet in mundgerechte Stücke schneiden und mit dem Zitronensaft beträufeln. Das Filet zugedeckt für 2 bis 3 Stunden im Kühlschrank marinieren lassen, dabei öfter wenden.

**2.** Tomaten, Zwiebel, Knoblauch und Chilischote fein würfeln. Die Avocado schälen und in kleine Stücke schneiden.

**3.** Diese Zutaten sofort mit dem Fischfilet vermengen, mit Salz und Pfeffer abschmecken und den Salat mit Korianderblättchen bestreuen.

## Limettensuppe

- Zubereitungszeit: ca. 3/4 Std.
- ca. 260 kcal je Portion
- Dazu paßt Weißbrot

**200 g Hühnermägen**
**1 Zwiebel**
**1 kleine Paprikaschote**
**1 Tomate**
**2 Knoblauchzehen**
**2 frische grüne Chilischoten**
**2 EL Öl**
**750 ml Hühnerbrühe**
**Saft und abgeriebene Schale von 1 Limette (ersatzweise von 1 unbehandelten Zitrone)**
**Salz, gemahlener schwarzer Pfeffer**
**200 g Hühnerleber**
**4 Tortillas**
**1 Limette in dünnen Scheiben (ersatzweise 1 unbehandelte Zitrone)**

**1.** Die Hühnermägen in wenig Salzwasser in etwa 1/2 Stunde gar kochen, abtropfen lassen und in kleine Würfel schneiden.

**2.** Die Zwiebel, die Paprikaschote und die Tomate fein würfeln, die Knoblauchzehen durchpressen. Die Chilischoten entkernen und in dünne Ringe schneiden.

**3.** In einem Topf das Öl erhitzen, Zwiebel und Knoblauch darin hellgelb anschwitzen. Dann Tomaten- und Paprikawürfel und Chilringe hinzufügen und 2 bis 3 Minuten unter Rühren mitbraten.

**4.** Die Hühnermägen dazugeben, die Brühe angießen und alles mit Salz und Pfeffer würzen. Die Hühnerlebern in kleine Würfel schneiden, dazugeben und die Suppe nicht zugedeckt etwa 5 Minuten leise köcheln lassen.

**5.** Die Tortillas in dünne Streifen schneiden und zusammen mit den Limettenscheiben in die Suppe geben.

## Avocadosuppe

- Zubereitungszeit: ca. 20 Min.
- ca. 350 kcal je Portion
- Dazu paßt eine Sangrita

**2 große reife Avocados**
**700 ml Hühnerbrühe, 100 g süße Sahne**
**Salz, gemahlener weißer Pfeffer**
**1 EL Korianderblättchen, 4 Tortillas**

**1.** Die Avocados längs halbieren, jeweils die Kerne entfernen, das Fruchtfleisch mit einem Löffel auslösen und dieses pürieren.

**2.** Die Hühnerbrühe zusammen mit der Sahne aufkochen lassen, dann vom Herd nehmen und das Avocadopüree in die Brühe einrühren. Nicht mehr kochen lassen, da die Suppe sonst bitter wird! Die Suppe salzen, pfeffern , mit Korianderblättchen bestreuen und mit den Tortillas als Beilage servieren.

## Kichererbsensuppe

- Zubereitungszeit: ca. 1/2 Std.
- ca. 290 kcal je Portion
- Dazu paßt frisches Brot

**1 Zwiebel, 2 Knoblauchzehen, 3 EL Öl**
**500 g gekochte Kichererbsen aus der Dose, 700 ml Fleisch- oder Hühnerbrühe**
**Salz, gemahlener schwarzer Pfeffer**
**einige Minzeblätter, 4 Eier**

**1.** Zwiebel und Knoblauch würfeln und beides in 2 Eßlöffeln Öl goldbraun braten. Die Kichererbsen hinzufügen, die Brühe angießen, salzen, pfeffern und 2 bis 3 Minzeblätter hinzufügen. Alles 3 bis 4 Minuten köcheln lassen, pürieren und warm stellen.

**2.** Im restlichen Öl die Spiegeleier braten. Die Suppe in Teller geben, je ein Ei darauf setzen und mit Minzeblätern garnieren.

## Fischsuppe

- Zubereitungszeit: ca. 1 Std.
- ca. 300 kcal je Portion
- Dazu paßt frisches Weißbrot

**1 Zwiebel, 4 Knoblauchzehen**
**5–10 getrocknete Chilischoten**
**je 1/2 rote, grüne und gelbe Paprikaschote, 250 g Kartoffeln**
**400 g Fischfilet (z.B. Kabeljau)**
**100 g küchenfertige Kraken oder Sepien**
**2 EL Olivenöl**
**1 l Fischbrühe (eventuell aus dem Glas)**
**100 g küchenfertige Tintenfischringe**
**1 kleine Dose geschälte Tomaten**
**100 g küchenfertige Krabben**
**3 EL Kapern, Salz**

**1.** Zwiebeln und Knoblauch fein hacken, die Chilischoten zerreiben. Die Paprikaschoten fein würfeln, die Kartoffeln schälen und ebenfalls würfeln. Die Fischfilets und Kraken oder Sepien in mundgerechte Portionen schneiden.

**2.** Das Öl in einem großen Topf erhitzen und Zwiebeln, Knoblauch und Chilischoten darin hellbraun anbraten. Dann die Paprikaschoten hinzufügen und einige Minuten mitbraten.

**3.** Die Fischbrühe angießen und die Kartoffelwürfel hinzufügen. Die Brühe zum Kochen bringen und etwa 10 Minuten halb zugedeckt köcheln lassen.

**4.** Tintenfischringe und Kraken- oder Sepienstücke hinzugeben und etwa weitere 15 Minuten alles köcheln lassen.

**5.** Dann die Tomaten mit einer Gabel zerdrücken und zusammen mit den Fischstücken und den Krabben in die Suppe geben. Alles sanft etwa 5 Minuten sieden lassen. Zum Schluß die Kapern hinzufügen und die Suppe mit Salz abschmecken.
*(auf dem Foto: oben)*

## Bohnensuppe mit Tortillas

- Zubereitungszeit: ca. 25 Min.
- ca. 360 kcal je Portion
- Dazu paßt ein kräftiger Rotwein

**4 Tortillas**
**3 EL Öl**
**1 Zwiebel**
**1 kleine Dose schwarze Bohnen (240 g)**
**100 g durchwachsener Bauchspeck**
**2 frische grüne Chilischoten**
**600 ml Hühner- oder Fleischbrühe**
**1 Lorbeerblatt**
**Salz**

**1.** Die Tortillas in feine Streifen schneiden. In einer Pfanne etwa 2 Eßlöffel Öl erhitzen, die Tortillas darin goldbraun braten und diese danach beiseite stellen.

**2.** Die Zwiebel vierteln und zusammen mit den Bohnen in der Küchenmaschine oder mit dem Mixer pürieren. Den Bauchspeck fein würfeln und in dem restlichen heißen Öl knusprig braun braten. Die Chilischoten entkernen und in feine Ringe schneiden.

**3.** Alle vorbereiteten Zutaten miteinander mischen und sie mit dem Lorbeerblatt und der Brühe in einen Suppentopf geben. Die Suppe erhitzen, etwa 5 Minuten köcheln lassen und mit Salz abschmecken.
*(auf dem Foto: unten)*

SCHNELL • DEFTIG

## Maissuppe

- Zubereitungszeit: ca. 1/2 Std.
- ca. 390 kcal je Portion
- Dazu passen getoastete Weißbrotscheiben

**4 große, gekochte Maiskolben**
**2 Tomaten**
**1 Zwiebel**
**3 EL Öl**
**600 ml Hühnerbrühe**
**Salz**
**gemahlener schwarzer Pfeffer**
**2 Scheiben Toastbrot**

**1.** Die Maiskörner mit einem scharfen Messer längs von den Kolben ablösen. Die Hälfte der Maiskörner im Mixer pürieren, den Rest beiseite stellen.

**2.** Die Tomaten überkreuz einritzen, mit heißem Wasser überbrühen, vom Stielansatz befreien und würfeln. Die Zwiebel kleinschneiden. Beides in einem Topf in etwa 2 Eßlöffeln Öl anbraten. Die restlichen Maiskörner hinzufügen und diese gut unterrühren.

**3.** Die Hühnerbrühe angießen, das Maiskornpüree hinzufügen, alles salzen und pfeffern und erhitzen.

**4.** Das Toastbrot in kleine Würfel schneiden, in dem übrigen Öl knusprig braun braten und über die fertige Suppe streuen.

## Tomatensuppe

- Zubereitungszeit: ca. 25 Min.
- ca. 110 kcal je Portion
- Dazu paßt frisches Weißbrot

**6 große, reife Tomaten**
**1 Zwiebel**
**2 Knoblauchzehen**
**2 EL Olivenöl**
**750 ml Hühnerbrühe**
**Salz**
**gemahlener weißer Pfeffer**

**1.** Die Tomaten überkreuz einritzen, mit heißem Wasser überbrühen, enthäuten, von den Stielansätzen befreien und vierteln. Die Zwiebel fein hacken, den Knoblauch durchpressen.

**2.** In einem Topf das Öl erhitzen und dieZwiebel und den Knoblauch darin hellgelb anschwitzen. Dann die Tomatenviertel hinzugeben, umrühren und diese 2 bis 3 Minuten mitbraten.

**3.** Die Hühnerbrühe hinzugießen, alles zum Kochen bringen und mit Salz und Pfeffer abschmecken. Den Topf vom Herd nehmen und die Tomatensuppe mit dem Pürierstab oder in der Küchenmaschine pürieren.

# GERICHTE MIT FLEISCH UND GEFLÜGEL

Die mexikanischen Fleisch- und Geflügelgerichte haben eine uralte Tradition, viele Rezepte gehen auf die Azteken und Mexikos zurück und sind bis heute fast unverändert erhalten geblieben.

## Huhn in Chili-Schokoladensauce

- Für 6 Personen
- Zubereitungszeit: ca. 2 Std.
- ca. 560 kcal je Portion
- Dazu paßt Avocadopürree *(Rezept S. 58)*

1 großes, küchenfertiges Huhn ( ca. 1,3 kg )
Salz
Für die Sauce:
3 getrocknete chiles guajillos
4 getrocknete chiles anchos
2 Tomaten
1 Zwiebel
2 Knoblauchzehen
50 g ungesalzene Erdnüsse
50 g geschälte Mandeln
5 getrocknete, eingeweichte Aprikosen
1 EL Sesamkörner
1–2 EL Schweineschmalz oder Öl
1 Msp. gemahlener Zimt
1 Msp. gemahlene Nelken
1 TL getrockneten Oregano
50 g Bitterschokolade

**1.** Das Huhn in 4 bis 6 Teile zerlegen und in Salzwasser in etwa $3/4$ Stunden garen. Inzwischen die Chilisorten entkernen (je mehr Kerne, desto schärfer die Sauce!) und in warmem Wasser etwa 1 Stunde einweichen. Die gegarten Hühnerteile mit einem Schaumlöffel aus dem Sud nehmen und diesen aufbewahren.

**2.** Die Tomaten überkreuz einritzen, mit heißem Wasser überbrühen, enthäuten, von den Stielansätzen befreien, entkernen und kleinschneiden. Die eingeweichten Chilischoten ebenfalls kleinschneiden. Die Zwiebel vierteln, die Knoblauchzehen halbieren. Die Erdnüsse und die Mandeln mahlen.

**3.** Die Tomaten zusammen mit Chilischoten, Zwiebel, Knoblauch, Erdnüssen, Mandeln, Aprikosen und Sesamkörnern portionsweise mit etwas Wasser oder dem Einweichwasser der Chilis mit einem Pürierstab oder im Mixer pürieren.

**4.** In einer großen Pfanne das Schweineschmalz oder Öl erhitzen und das Püree darin bei milder Hitzer unter ständigem Rühren einige Minuten köcheln lassen. Salz nach Geschmack und Zimt, Nelken und Oregano einrühren. Falls die Masse zu dick gerät, etwas von dem Hühnersud hinzufügen. Die Sauce soll aber nicht zu dünnflüssig werden.

**5.** Die Schokolade in die Sauce bröckeln und unter ständigem Rühren bei milder Hitze auflösen. Dann die Hühnerteile in die Sauce legen und unter mehrmaligem Wenden langsam erwärmen.

**Hinweis:**
In Mexiko gehören „moles" – Fleischgerichte mit würzigen Saucen – zu den beliebtesten Gerichten, die zu festlichen Anlässen gekocht werden. Für 8 bis 10 Personen wird oft ein ganzer Truthahn gekocht, man braucht dann natürlich entsprechend mehr Sauce

ZEITINTENSIV
**ZARTBITTER-SCHARF**

## Schweinefleisch in Chilisauce

- Zubereitungszeit: ca. $1^1/_2$ Std.
- Zeit zum Einweichen: ca. $^1/_4$ Std.
- ca. 480 kcal je Portion
- Dazu passen Tortillas

**1 getrocknete chile mulato**
**1 getrocknete chile ancho**
**1 chile jalapeño aus der Dose**
**800 g Schweinsgulasch**
**30 g Sesamkörner**
**80 g getrocknete Krabben**
**Salz**
**1–2 TL getrockneten Oregano**
**4 El saure Sahne**
**eventuell einige Zweige frischer Oregano**

**1.** Die Chilischoten etwa $^1/_4$ Stunde in warmem Wasser einweichen, sie dann entkernen und kleinschneiden. Vom Jalapeño die Kerne entfernen und diesen kleinschneiden.

**2.** In einem Topf das Schmalz erhitzen und die Fleischwürfel bei großer Hitze rasch braun anbraten. Das Fleisch herausnehmen und warm stellen. Sesam, getrocknete Krabben und Chilischoten im verbliebenen Fett 2 bis 3 Minuten braten, herausnehmen und pürieren.

**3.** Die Fleischwürfel und die Chilipaste wieder in den Topf geben und mit Salz und Oregano würzen. Dann etwa 200 ml Wasser angießen (das Fleisch soll nur knapp bedeckt sein). Alles im halb geschlossenen Topf etwa 1 Stunde leise köcheln lassen, bis das Fleisch sehr weich ist. In der letzen Viertelstunde den Deckel vom Topf nehmen und die Sauce einkochen lassen.

**4.** Das Gericht in Teller füllen und mit jeweils 1 Eßlöffel saurer Sahne und nach Belieben mit frischem Oregano anrichten.
*(auf dem Foto oben)*

## Chili con carne

- Für 6 bis 8 Personen
- Zubereitungszeit: ca. 1 Std.
- ca. 410 kcal je Portion
- Dazu paßt Reis

**3 getrocknete chiles anchos**
**3 getrocknete chiles guajillas**
**ersatzweise 6 frische rote Chilischoten**
**2 Zwiebeln, 4 Knoblauchzehen**
**2 EL Öl, 800 g gemischtes Hackfleisch**
**Salz, gemahlener schwarzer Pfeffer**
**1 TL feingehackter frischer Oregano**
**2 TL Kreuzkümmel, $^1/_4$ l Fleischbrühe**
**1 große Dose geschälte Tomaten**
**1–2 TL Tomatenmark**
**500 g rote Bohnen aus der Dose**
**6–8 rote Chilischoten und frische Oreganozweige zum Dekorieren**

**1.** Die getrockneten Chilischoten etwa 10 Minuten in lauwarmem Waser einweichen, dann kleinschneiden. Frische Chilischoten entkernen und in Ringe schneiden. Die Zwiebeln fein würfeln, die Knoblauchzehen durchpressen.

**2.** Das Öl in einem großen Topf erhitzen und die Zwiebeln darin goldbraun braten. Knoblauch und Hackfleisch hinzufügen und beides unter Rühren etwa $^1/_4$ Stunde anbraten.

**3.** Das Hackfleisch mit Salz und Pfeffer würzen, Chilischoten, Oregano und Kreuzkümmel hinzufügen, gut umrühren und die Brühe angießen. Die geschälten Tomaten zerdrücken und zusammen mit Tomatenmark und Bohnen in den Topf geben. Alles gut miteinander verrühren und ohne Deckel bei milder Hitze etwa 20 Minuten köcheln lassen. Es soll eine dickflüssige Sauce entstehen.

**4.** Das Gericht auf Tellern verteilen und nach Belieben mit Chilischoten und Oreganozweigen dekorieren.
*(auf dem Foto unten)*

## Hackfleischpfanne

- Zubereitungszeit: ca. 3/4 Std.
- Zeit zum Einweichen: ca. 1/2 Std.
- ca. 640 kcal je Portion
- Paßt als Füllung zu Tortillas

**50 g Rosinen, 3 Kartoffeln (ca. 350 g)**
**Salz, 1 Zwiebel**
**4 Knoblauchzehen**
**3 EL Olivenöl**
**700 g gemischtes Hackfleisch**
**Salz, gemahlener schwarzer Pfeffer**
**2 frische grüne Chilischoten**
**1 TL feingehackter frischer Thymian**
**1 TL feingehackter frischer Oregano**
**1 kleine Dose geschälte Tomaten**
**eventuell einige frische Thymian- und Oreganozweige zum Dekorieren**

**1.** Die Rosinen etwa 1/2 Stunde in kaltem Wasser einweichen. Die Kartoffeln schälen, in kleine Würfel schneiden und in etwa 1/4 Stunde in Salzwasser gar kochen.

**2.** Die Zwiebel fein würfeln, die Knoblauchzehen durchpressen. Das Öl in einer großen Pfanne erhitzen und die Zwiebel darin goldgelb braten. Dann den Knoblauch hinzufügen und etwa 1 Minute mitbraten.

**3.** Das Fleisch in die Pfanne hinzugeben und unter ständigem Rühren etwa 15 Minuten braten, dann mit Salz und Pfeffer abschmecken. Die Chilischoten entkernen, in dünne Ringe schneiden und zum Fleisch geben. Die abgetropften Rosinen und die Kartoffelwürfel ebenfalls in den Topf geben, gut unterrühren und mit Thymian und Oregano würzen.

**5.** Die geschälten Tomaten zerdrücken, hinzufügen und alles noch etwa 10 Minuten leise köcheln lassen. Dann das Gericht auf Tellern verteilen und nach Belieben mit den Kräutern dekorieren.

## Fleisch-Gemüse-Topf

- Für 6 Personen
- Zubereitungszeit: ca. 1 1/2 Std.
- Zeit zum Einweichen: ca. 1/2 Std.
- ca. 520 kcal je Portion

**5 getrocknete chiles anchos**
**4 große enthäutete Tomaten, 1 Zwiebel**
**4 Knoblauchzehen**
**2–3 EL Schweineschmalz**
**1 kg Schweinegulasch**
**1/2 TL Zimt**
**1 TL getrockneter Oregano**
**1 Msp. Nelkenpulver, 1 TL Pfeffer**
**Salz, 750–1000 ml Fleischbrühe**
**1 Kochbanane, 250 g Süßkartoffeln**
**200 g Kartoffeln, 3 Scheiben Ananas**
**6 Zweige Oregano zum Dekorieren**

**1.** Die Chilischoten 1/2 Stunde in warmem Wasser einweichen, diese entkernen und kleinschneiden. Die Tomaten und die Zwiebel vierteln, die Knoblauchzehen halbieren.

**2.** In einem großen Topf das Schmalz erhitzen und das Fleisch darin kräfig braun braten. Die Tomaten zusammen mit Chilischoten, Zwiebel, Knoblauch, Zimt, Oregano, Nelken und Pfeffer und etwas Einweichwasser der Chilischoten pürieren und zum Fleisch geben. Mit Salz abschmecken, die Fleischbrühe angießen und offen 1 Stunde köcheln lassen. Die Bananen, Süßkartoffeln und Kartoffeln schälen und in Scheiben bzw. kleine Stücke schneiden, die Ananasscheiben würfeln.

**3.** 20 Minuten vor dem Ende der Garzeit die Süßkartoffel- und Kartoffelstücke, 10 Minuten vorher die Bananenscheiben und 5 Minuten vor Ende der Garzeit die Ananasstücke zum Fleisch geben. Die Sauce soll zum Schluß gut eingedickt sein.

**4.** Das Gericht auf Tellern anrichten und nach Belieben mit frischem Oregano dekorieren.

## Schweinegulasch

- Zubereitungszeit: ca. 1 3/4 Std.
- Zeit zum Einweichen: ca. 2 Std.
- ca. 430 kcal je Portion
- Dazu paßt Reis

**3 getrocknete chiles guajillo (ersatzweise 3 frische rote Chilischoten)**
**2 chiles jalapeños aus der Dose**
**850 g mageres Schweinegulasch**
**Salz, 2 Zwiebeln**
**4 Knoblauchzehen, 1/2 TL Zimt**
**200 g Reineclauden oder Mirabellen**
**2 gehäutete Tomaten, 2 EL Orangensaft**
**1 EL Zitronensaft**
**1 EL Maismehl für Tortillas (masa harina)**

**1.** Beide Chilischoten-Sorten sorgfältig entkernen. Die getrockneten Chilischoten für etwa 2 Stunden in warmem Wasser einweichen. Dann die Schoten kleinschneiden. Das Fleisch in einem Topf knapp mit Salzwasser bedecken und zugedeckt etwa 20 Minuten kochen.

**2.** Die Zwiebeln vierteln, die Knoblauchzehen halbieren. Die Chilis zusammen mit Zwiebeln, Knoblauch und 8 bis 10 Eßlöffeln des Einweichwassers der Chilischoten pürieren und mit Salz und Zimt würzen. Das Fleisch abgießen, den Kochsud aufbewahren. Das Fleisch wieder in den Topf geben, das Chilipüree und knapp 1/4 l der Kochflüssigkeit hinzufügen

**3.** Die Reineclauden oder Mirabellen entsteinen und grob würfeln. Die Tomaten ebenfalls würfeln. Beides zum Fleisch geben und alles zugedeckt auf kleiner Flamme 30 bis 40 Minuten köcheln lassen.

**4.** Das Maismehl mit Orangen- und Zitronensaft anrühren, dann in die kochende Sauce gießen und das Gulasch noch einmal aufkochen lassen.

## Rumpsteak mit Chilisauce

- Zubereitungszeit: ca. 1/2 Std.
- Zeit zum Marinieren: ca. 1/2 Std.
- ca. 420 kcal je Portion
- Dazu paßt Polenta

**4 Rumpsteaks, 200 ml Rotweinessig**
**4 getrocknete chiles anchos**
**4 Knoblauchzehen, 1 gewürfelte Zwiebel, 3 EL Öl, Salz, schwarzer Pfeffer**

**1.** Rumpsteaks 1/2 Stunde im Essig ziehen lassen, herausnehmen, trockentupfen. Chilischoten 1/2 Stunde in warmem Wasser einweichen, entkernen und in Stücke schneiden. Knoblauchzehen halbieren. Chilis zusammen mit Zwiebelwürfeln, Knoblauch und etwas Einweichwasser pürieren.

**2.** Die Steaks anbraten. Chilipüree hinzufügen, salzen, pfeffern und 3 Minuten braten.

## Schweinefilets

- Zubereitungszeit: ca. 1/2 Std.
- Zeit zum Marinieren: ca. 8 Std.
- ca. 250 kcal je Portion
- Dazu paßt Mangoldgemüse *(Rezept S. 56)*

**50–80 g getrocknete chiles anchos,**
**4 Knoblauchzehen, 80 ml Rotweinessig**
**Salz, 1 TL getrockneter Thymian**
**1 TL getrockneter Oregano**
**600 g Schweinefilets, 2–3 El Öl**

**1.** Chilischoten entkernen, kleinschneiden, Knoblauch halbieren. Beides zusammen mit Essig, Salz, Thymian und Oregano pürieren. Das Fleisch in 2 cm dicke Scheiben schneiden und mit der Chilipaste einreiben, etwa 8 Stunden zugedeckt marinieren lassen

**2.** Filetscheiben trockentupfen, Öl erhitzen und von beiden Seiten etwa 3 Minuten braten.

## Kalbfleisch mit Oliven

- Zubereitungszeit: $1^3/_4$ Std.
- ca. 410 kcal je Portion
- Dazu paßt Kartoffelpüree

**800 g Kalbfleisch aus der Schulter**
**1 Zwiebel**
**50 g gekochter Schinken**
**2 Knoblauchzehen**
**2–3 EL Öl**
**$^1/_4$ l Fleischbrühe**
**$^1/_8$ l Weißwein**
**Salz**
**gemahlener weißer Pfeffer**
**200 g entsteinte grüne Oliven**
**2 EL süße Sahne**
**2 EL Korianderblättchen**

**1.** Das Fleisch in mundgerechte Würfel schneiden. Zwiebel und Schinken würfeln, den Knoblauch durchpressen.

**2.** Das Öl in einem Topf erhitzen und die Fleischwürfel darin von allen Seiten braun anbraten. Dann das Fleisch herausnehmen und warm stellen.

**3.** Die Zwiebel- und Schinkenwürfel in den Topf geben und in dem verbliebenen Fett hellbraun braten, dann den Knoblauch hinzufügen und kurz mitbraten.

**4.** Das Fleisch wieder hinzugeben, umrühren und mit Brühe und Weißwein ablöschen. Das Ganze mit Salz und Pfeffer abschmecken und halb zugedeckt etwa $1^1/_4$ Stunden köcheln lassen, bis das Fleisch weich ist.

**5.** Die Oliven halbieren und 10 Minuten vor Ende der Garzeit zusammen mit der Sahne unterrühren. Das Gericht mit den Korianderblättchen bestreuen.
*(auf dem Foto oben)*

## Kalbfleisch mit Trockenpflaumen

- Zubereitungszeit: ca. 2 Std.
- Zeit zum Einweichen: ca. 1–2 Std.
- ca. 360 kcal je Portion
- Dazu paßt Reis

**100 g entsteinte Trockenpflaumen**
**100–200 ml kräftiger Rotwein**
**2 Zwiebeln**
**2 Knoblauchzehen**
**2 Tomaten**
**2 EL Öl**
**800 g Kalbsgulasch**
**$^1/_4$ l Fleischbrühe**
**Salz**
**gemahlener, schwarzer Pfeffer**

**1.** Die Pflaumen für etwa 1 bis 2 Stunden in dem Rotwein einweichen lassen.

**2.** Die Zwiebeln fein würfeln, den Knoblauch durchpressen. Die Tomaten überkreuz einritzen, mit heißem Wasser überbrühen, enthäuten, vom Stielansatz befreien und vierteln.

**3.** Das Öl in einem Topf erhitzen und die Kalbfleischwürfel darin von allen Seiten goldbraun anbraten. Dann das Fleisch herausnehmen und beiseite stellen.

**4.** Die Zwiebelwürfel und den Knoblauch in den Topf geben und in dem verbliebenen Fett hellgelb werden lassen. Das Fleisch wieder in den Topf geben und die Tomatenviertel und die Pflaumen mit dem Rotwein hinzufügen. Zum Schluß die Fleischbrühe angießen (das Fleisch soll nur knapp bedeckt sein).

**5.** Das Gericht salzen und pfeffern und im halb geschlossenen Topf etwa $1^1/_4$ Stunden köcheln lassen, bis das Fleisch weich und die Sauce etwas eingedickt ist.
*(auf dem Foto unten)*

ZEITINTENSIV • FEIN-HERB

ZEITINTENSIV • FRUCHTIG

## Gepökeltes Rindfleisch aus Tabasco

- Zubereitungszeit: ca. 2 Std.
- ca. 500 kcal je Portion
- Dazu passen gebratene Kartoffeln mit Tomaten *(Rezept S. 55)*

**750 g mild gepökeltes Rindfleisch**
**1 Kochbanane (ca. 300 g)**
**1 Zwiebel, 1 frische rote Chilischote**
**1 große, gehäutete Tomate**
**2 EL Schweineschmalz**

**1.** Das Fleisch in etwa 1 1/2 Stunden weich kochen. Herausnehmen und fein hacken. Banane schälen und in Scheiben schneiden. Zwiebel fein würfeln, Chilischote entkernen und in feine Ringe schneiden. Tomate vom Stielansatz befreien und würfeln.

**2.** Schmalz erhitzen, Bananenscheiben darin goldbraun braten, dann herausnehmen und warm stellen. Zwiebelwürfel, Chiliringe und Tomatenwürfel in die Pfanne geben und in dem verbliebenen Fett 3 bis 4 Minuten braten.

**3.** Das Fleisch hinzufügen und so lange braten, bis die ganze Flüssigkeit verdampft ist. Auf einer Platte anrichten und mit den gebratenen Bananenscheiben umlegen.

## Rehfleischsalat

- Zubereitungszeit: ca. 2 Std.
- Zeit zum Marinieren: ca. 1 Std.
- ca. 170 kcal je Portion
- Dazu passen Tortillas

**600 g Rehfleisch aus der Schulter**
**Salz**
**1 Zwiebel, 10 Radieschen**
**2 chiles serranos aus der Dose, ersatzweise 1 frische grüne Chilischote**
**Saft von 1 großen Bitterorange**
**2 EL gehacktes Koriandergrün**

**1.** Das Fleisch in etwa 1 1/4 Stunden in Salzwasser gar kochen. Dann das Kochwasser abgießen, das Fleisch abkühlen lassen und in kleine Stückchen schneiden.

**2.** Die Zwiebel und die Radieschen sehr fein hacken, die Chilischoten entkernen und in Ringe schneiden. Zwiebel, Radieschen, Chiliringe, Orangensaft, Koriandergrün und Salz miteinander zu einer Marinade verrühren.

**3.** Die Fleischstückchen in eine Schüssel geben, mit Marinade mischen, im Kühlschrank 1 Stunde ziehen lassen. Den Rehfleischsalat kalt servieren.

## Marinierte Rebhühner

Für 6 Personen

Zubereitungszeit: ca. 1 Std.

Zeit zum Marinieren: ca. 8 Std.

ca. 520 kcal je Portion

Dazu passen in Essig eingelegte Chili- oder Paprikaschoten

**4 küchenfertige, halbierte Rebhühner**
**100 ml Olivenöl, 60 ml Essig**
**3 geschälte und kleingeschnittene Tomaten, 2 gewürfelte Zwiebeln**
**4 durchgepreßte Knoblauchzehen**
**1 TL Thymian, 1 TL Majoran**
**$^1/_2$ TL Pfeffer, Salz**
**frischer Thymian und Majoran**

**1.** Die Rebhühner in eine Schüssel legen. Alle übrigen Zutaten vermischen und über die Rebhühner gießen. Diese etwa 8 Stunden im Kühlschrank ziehen lassen, sie dabei öfter wenden und mit der Marinade beträufeln.

**2.** Die Rebhühner zusammen mit der Marinade zum Kochen bringen und bei milder Hitze zugedeckt $^1/_2$ Stunde garen. Damit nichts anbrennt, etwas Wasser angießen. Die Rebhühner anrichten und nach Belieben mit frischen Kräutern garnieren.

## Huhn mit Jalapeño

Zubereitungszeit: ca. 1$^1/_2$ Std

ca. 620 kcal je Portion

Dazu paßt Reis

**1 küchenfertiges Huhn (ca. 1,3 kg)**
**Salz, 4 enthäutete Tomaten**
**1 geviertelte Zwiebel**
**1 durchgepreßte Knoblauchzehe**
**5 entkernte chiles jalapeños aus der Dose**
**1 EL Essig, 4 EL Öl, 1 TL Oregano**
**1 Msp. Nelkenpulver**
**gemahlener weißer Pfeffer**

**1.** Den Backofen auf 200 °C vorheizen. Das Huhn in 4 Teile zerlegen, mit Salz einreiben und in eine feuerfeste Form legen. Die Tomaten vierteln und zusammen mit Zwiebel, Knoblauch und Chilischoten pürieren. Das Püree mit Essig und Öl zu einer Marinade verrühren und diese mit Oregano, Nelkenpulver, Salz und Pfeffer würzen.

**2.** Die Marinade über die Hühnerteile gießen und die Form mit einem Deckel oder mit Alufolie verschließen. Das Huhn im Backofen 45 bis 50 Minuten garen lassen, bis es ganz weich und die Sauce stark eingedickt ist.

## Kutteln der „Sierra"

- Zubereitungszeit: ca. 3/4 Std.
- ca. 530 kcal je Portion
- Dazu passen Tortillas und Tomatensalat

**2 Zwiebeln**
**80 g gekochter Schinken**
**4 kleine grüne Chilischoten**
**3 EL Öl**
**750 g vorgekochte Kutteln**
**40 g geriebene Mandeln**
**2 EL Rosinen**
**2 EL entsteinte grüne Oliven**
**400 ml Fleischbrühe**
**Saft von 1 Orange**
**Saft von 1 Zitrone**
**1 Lorbeerblatt**
**1 Msp. Nelkenpulver**
**1 Zweig Thymian**
**1 TL Oregano**
**Salz**
**gemahlener schwarzer Pfeffer**
**1 kleine Dose Kichererbsen (280 g)**
**2–3 EL geriebener Käse**

**1.** Die Zwiebeln und den Schinken fein würfeln, die Chilischoten entkernen und in feine Ringe schneiden. In einem Topf das Öl erhitzen und Zwiebel- und Schinkenwürfel darin goldbraun braten. Die Chiliringe hinzufügen und kurz mitbraten.

**2.** Die Kutteln in feine Streifen schneiden, zusammen mit Mandeln, Rosinen und Oliven in den Topf hinzugeben und unter Rühren einige Minuten braten. Dann die Fleischbrühe angießen und alle übrigen Zutaten außer dem Käse hinzufügen.

**3.** Alles 15 bis 20 Minuten köcheln lassen, bis die Kutteln sehr weich sind und die Sauce dickflüssig ist. Das Gericht mit geriebenem Käse bestreuen.
*(auf dem Foto: oben)*

## Hammelfleisch in Chilisauce

- Zubereitungszeit: ca. 2 Std.
- Zeit zum Einweichen: ca. 1/2 Std.
- ca. 750 kcal je Portion
- Dazu paßt Reis

**4 getrocknete chiles anchos**
**1 Zwiebel**
**2 Knoblauchzehen**
**3 Tomaten**
**2–3 getrocknete Chilischoten**
**1 kg Hammelfleisch (Schulter oder Keule)**
**2–3 EL Olivenöl, Salz**
**1/2 TL Nelkenpulver, 1/2 TL Zimt**
**10 grüne gefüllte Oliven**
**10 geschälte, halbierte Mandeln**

**1.** Die chiles anchos für etwa 1/2 Stunde in warmem Wasser einweichen und sie dann entkernen. Inzwischen die Zwiebel vierteln und den Knoblauch halbieren. Die Tomaten überkreuz einritzen, mit heißem Wasser überbrühen, enthäuten, vom Stielansatz befreien und vierteln. Chiles anchos zusammen mit Zwiebelvierteln, Knoblauch, Tomatenvierteln, getrockneten Chilischoten und 4 bis 5 Eßlöffeln der Einweichflüssigkeit pürieren.

**2.** Das Fleisch in große Würfel schneiden. In einem Topf das Öl erhitzen und die Fleischwürfel darin von allen Seiten scharf anbraten. Dann das Chilipüree über das Fleisch gießen, umrühren, salzen und Gewürze hinzufügen.

**3.** Das Hammelfleisch 1 bis 1 1/2 Stunden zugedeckt schmoren lassen. Eventuell etwas Wasser angießen, die Sauce soll aber nicht zu dünnflüssig werden. 10 Minuten vor Ende der Garzeit die Oliven und die Mandeln unterheben.
*(auf dem Foto: unten)*

ZEITINTENSIV • WÜRZIG

## Huhn à la Veracruz

- Zubereitungszeit: ca. $1\,^1/_2$ Std.
- ca. 670 kcal je Portion
- Dazu paßt Reisauflauf mit Paprikaschoten, Mais und Käse *(Rezept S. 48)*

**1 küchenfertiges Huhn (ca. 1,3 kg)**
**Salz, 2–3 EL Öl**
**1 Zwiebel, 3 Knoblauchzehen**
**1 grüne Chilischote**
**4 gewürfelte Tomaten**
**Salz, gemahlener schwarzer Pfeffer**
**1 TL Kreuzkümmel**
**1 Msp. Safranpulver**
**150 ml Hühnerbrühe**
**1–2 EL Essig**
**60 g entsteinte grüne Oliven**
**40 g Kapern**
**40 g gemahlene Mandeln**
**eventuell einige Kirschtomaten, Chiliringe, Mandeln und Oliven zum Garnieren**

**1.** Das Huhn in 4 Teile zerlegen und mit Salz einreiben. In einer großen Pfanne das Öl erhitzen, die Hühnerteile darin rundum braun anbraten, sie dann herausnehmen und etwa 1 Eßlöffel Öl abgießen.

**2.** Die Zwiebel fein würfeln, den Knoblauch durchpressen, die Chilischote entkernen und in Ringe schneiden. Diese Zutaten in die Pfanne geben und in dem restlichen Fett ungefähr 5 Minuten braten. Dann die Tomatenwürfel hinzugeben und einige Minuten mitbraten. Salz, Pfeffer, Kreuzkümmel und Safran hinzufügen. Die Hühnerteile wieder in die Pfanne geben, Brühe und Essig angießen und das Huhn 20 Minuten lang köcheln lassen.

**4.** Oliven und Kapern grob hacken und in den Topf geben. Alles 20 Minuten köcheln lassen, bis das Fleisch sehr weich ist.

**5.** Die Mandeln in die Sauce einrühren und nochmal aufkochen lassen. Die Hühnerteile anrichten und nach Belieben garnieren.

## Huhn im Tontopf

- Zubereitungszeit: ca. 1 1/2 Std.
- Zeit zum Marinieren: 2–3 Std.
- ca. 180 kcal je Portion
- Dazu passen Tortillas

**4 große Hühnerkeulen (à ca. 200 g)**
**Saft von 1 Orange**
**Saft von1 Zitrone**
**Salz**
**gemahlener schwarzer Pfeffer**
**4–6 durchgepreßte Knoblauchzehen**
**1 EL Achiotepulver**
**1 TL Kreuzkümmel**
**1 TL getrockneter Oregano**
**150 ml Hühnerbrühe**
**eventuell einige frische Oreganozweige zum Garnieren**

**1.** Einen Römertopf wässern. Die Hüherkeulen in eine große Schüssel legen. Alle Zutaten bis auf die Hühnerbrühe und die frischen Kräuter miteinander mischen und über die Hühnerkeulen gießen. Diese 2 bis 3 Stunden marinieren lassen, dabei öfter wenden.

**2.** Die Hühnerkeulen mit der Marinade und der Brühe in den Römertopf geben , diesen verschließen und in den kalten Backofen schieben.

**3.** Das Ganze bei 200 °C etwa 1 Stunde garen.

**Hinweis:**
Dies ist ein sehr altes Rezept aus der Zeit der Azteken. Diese garten das Fleisch allerdings im „Pib", dem traditionellen Erdofen. Dabei wurden die Hühnerteile vorher noch in Bananenblätter gewickelt. Der Erdofen wurde mit heißen Steinen gefüllt und das Fleisch darin gegart.

## Kaninchen auf ländliche Art

- Zubereitungszeit: ca. 2 Std.
- Zeit zum Marinieren: ca. 1 Std.
- ca. 550 kcal je Portion
- Dazu passen Tortillas

**1 küchenfertiges Kaninchen oder**
**4 Kaninchenschlegel (ca. 1,2 kg)**
**2 EL Essig**
**Salz, gemahlener schwarzer Pfeffer**
**2 Zwiebeln**
**1 EL Achiotepulver**
**Saft von 1 Orange**
**Saft von 2 Zitronen**

**1.** Einen Römertopf gut wässern.

**2.** Das Kaninchen in 4 bis 6 Teile teilen. Essig zusammen mit Salz und Pfeffer zu einer Marinade verrühren und die Kaninchenteile mit dieser einreiben. Die Kaninchenteile in eine große Schüssel legen und in der Marinade etwa 1 Stunde durchziehen lassen.

**3.** Die Zwiebeln in feine Ringe schneiden, das Achiotepulver mit Orangen- und Zitronensaft anrühren.

**4.** Die Hälfte der Zwiebelringe auf dem Boden des Römertopfes verteilen. Die marinierten Kaninchenteile darauf legen, mit der Orangensaft-Mischung begießen und mit den restlichen Zwiebelringen bedecken.

**5.** Den Römertopf verschließen, in den kalten Backofen schieben und das Kaninchen bei 200 °C in $1^1/_4$ bis $1^1/_2$ Stunden garen.
*(auf dem Foto oben)*

**Hinweis:**
Auf diese Weise haben schon die Azteken Kaninchen zubereitet, allerdings garten sie das Fleisch mit heißen Steinen im Erdofen.

## Gebratene Leber mit Tomaten

- Zubereitungszeit: ca. $^1/_2$ Std.
- ca. 260 kcal je Portion
- Dazu paßt Kartoffelpüree

**1 Zwiebel**
**4 Knoblauchzehen**
**3 geschälte Tomaten aus der Dose**
**1 EL Schweineschmalz**
**4 Scheiben Kalbs- oder Jungrindleber**
**1 EL getrockneter Oregano**
**1 Msp. Zimt**
**1 Msp. Nelkenpulver**
**Salz**
**gemahlener schwarzer Pfeffer**

**1.** Die Zwiebel schälen und die Knoblauchzehen würfeln. Die Tomaten in Stücke schneiden.

**2.** Das Schweineschmalz in einer Pfanne erhitzen und die Leberscheiben darin von beiden Seiten rasch anbraten. Die Leber herausnehmen und warm stellen.

**3.** Die Zwiebeln, den Knoblauch und die Tomaten in die Pfanne geben, etwa 5 Minuten dünsten, dann mit Oregano, Zimt, Nelkenpulver, Salz und Pfeffer gut würzen.

**4.** Die Leberscheiben zusammen mit dem Gemüse auf Tellern anrichten und sofort servieren.
*(auf dem Foto unten)*

ZEITINTENSIV • **FRUCHTIG-EXOTISCH**

SCHNELL • **MILD**

ZEITINTENSIV • **HERZHAFT**

ZEITINTENSIV • **CREMIG**

## Huhn in Erdnußsauce

- Zubereitungszeit: ca. 2 Std.
- Zeit zum Einweichen: 1–2 Std.
- ca. 790 kcal je Portion
- Dazu passen Tortillas oder Reis

**4 chiles anchos**
**1 küchenfertiges Huhn (ca. 1,5 kg)**
**1 l Hühnerbrühe, 1 geviertelte Zwiebel**
**1 frische rote Chilischote**
**2 Knoblauchzehen**
**80 g ungesalzene Erdnüsse**
**2 EL Öl, Salz**
**einige Chilischoten zum Garnieren**

**1.** Die chiles anchos für 1 bis 2 Stunden in warmem Wasser einweichen. Dann diese entkernen und in kleine Stücke schneiden.

**2.** Das Huhn in 4 Teile zerlegen, in einen Topf geben und zusammen mit der Hühnerbrühe und den Zwiebelvierteln zum Kochen bringen. Die Hühnerteile in etwa 3/4 Stunden weich kochen, sie dann herausnehmen. Die Brühe durchseihen und aufbewahren.

**3.** Die frische Chilischote entkernen und in feine Ringe schneiden. Die Knoblauchzehen halbieren. Die Erdnüsse zusammen mit chiles anchos, Chiliringen, Knoblauch und etwas Einweichflüssigkeit der chiles anchos pürieren.

**4.** Das Öl in einem Topf erhitzen und die Erdnuß-Chili-Mischung darin kurz anbraten, dann etwa 300 ml durchgeseihte Hühnerbrühe angießen, diese gut unterrühren und die Sauce mit Salz abschmecken..

**5.** Die Hühnerteile in die Sauce geben und alles noch etwa 10 Minuten köcheln lassen, bis die Sauce sämig wird, dabei öfter umrühren. Die Hühnerteile zusammen mit der Sauce anrichten und mit Chilischoten garnieren.
*(auf dem Foto oben)*

## Huhn in Mandelsauce

- Zubereitungszeit: ca. 2 Std.
- Zeit zum Einweichen: ca. 1/2 Std.
- ca. 780 kcal je Portion
- Dazu passen Tortillas oder Reis

**4 getrocknete chiles anchos**
**1 küchenfertiges Huhn (ca. 1,5 kg)**
**1 l Hühnerbrühe**
**1 Bund geputzes Suppengrün**
**1 geviertelte Zwiebel**
**2–3 Zweige Koriandergrün**
**80 g geschälte Mandeln**
**2 EL Schweineschmalz**
**1/2 TL getrockneter Oregano**
**1 Msp. Zimt, 1 Msp. Nelkenpulver**
**Salz, einige Zweige Koriander**
**und frischer Oregano zum Garnieren**

**1.** Die chiles anchos etwa 1/2 Stunde in warmem Wasser einweichen. Das Huhn in 4 Teile zerlegen und zusammen mit Hühnerbrühe, Suppengrün, Zwiebelvierteln und Korianderzweigen zum Kochen bringen. Die Hühnerteile halb zugedeckt etwa 3/4 Stunden köcheln lassen, sie anschließend herausnehmen und die Brühe aufbewahren. Die Chilischoten dann entkernen und grob hacken. Die Mandeln ohne Fettzugabe goldgelb rösten. Die Chilistückchen zusammen mit den Mandeln und etwas Einweichflüssigkeit pürieren.

**3.** Das Schmalz erhitzen und die Chili-Mandel-Mischung darin unter Rühren 2 bis 3 Minuten anbraten, 300 ml der Hühnerbrühe hinzufügen, umrühren und die Sauce mit Zimt, Nelkenpulver und Salz würzen. Die Hühnerteile in die Sauce geben und alles bei sehr milder Hitze noch 10 bis 15 Minuten ziehen lassen, dabei öfter umrühren.

**5.** Das Huhn zusammen mit der Sauce anrichten und mit frischen Kräutern garnieren.
*(auf dem Foto unten)*

# GERICHTE MIT FISCH UND MEERES-FRÜCHTEN

Durch die Lage Mexikos zwischen zwei Meeren ist das Land mit einem großen Fischreichtum gesegnet. Schon Kaiser Montezuma ließ sich frischen Fisch und Krustentiere vom Golf und vom Pazifik kommen. Auch wir können heute wie der Kaiser nach alten Rezepten köstlich speisen.

## Fisch aus Yucatán

- Zubereitungszeit: ca. 1/2 Std.
- Zeit zum Marinieren: ca. 1 Std.
- ca. 220 kcal je Portion
- Dazu passen Tortillas

1 EL Öl für die Form
4 Fischfilets à ca. 180–200 g
(Kabeljau oder Rotbarsch)
4 durchgepreßte Knoblauchzehen
Salz
1/2 TL Kreuzkümmel
1/2 TL getrockneter Oregano
1/2 TL gemahlener schwarzer Pfeffer
1/2 TL Achiotepulver
Saft von 1/2 Bitterorange
(ersatzweise Saft von 1 normalen
Orange und 1 Zitrone)
1 Zwiebel
2 Knoblauchzehen
2 Tomaten
1 rote Paprikaschote
1 rote Chilischote
2 EL gehacktes Koriandergrün

**1.** Eine flache, feuerfeste Form mit Öl auspinseln und die Fischfilets hineinlegen.

**2.** Den Knoblauch zusammen mit Salz, Kreuzkümmel, Oregano, Pfeffer, Achiotepulver und Orangensaft zu einer Marinade verrühren und diese über die Fischfilets gießen.

**3.** Die Zwiebel in dünne Ringe schneiden, die Knoblauchzehen fein hacken. Von den Tomaten jeweils den Stielansatz entfernen und sie in Scheiben schneiden. Die Paprikaschote in Streifen, die Chilischote in Ringe schneiden.

**4.** Das Gemüse über die Fischfilets verteilen, die Form mit einem Deckel oder mit Klarsichtfolie verschließen und alles im Kühlschrank etwa 1 Stunde ziehen lassen.

**5.** Etwa 15 Minuten vor Ende der Marinierezeit den Ofen auf 250 °C vorheizen. Die Form mit den Filets aus dem Kühlschrank nehmen und diese im Backofen in 15 bis 20 Minuten garen. Die Fischfilets vor dem Servieren mit dem Koriandergrün bestreuen.

BRAUCHT ZEIT

AROMATISCH

## Fisch à la Veracruz

Zubereitungszeit: ca. 3/4 Std.

ca. 300 kcal je Portion

Dazu passen in Butter geröstete Toastbrotscheiben

**4 Fischfilets à ca. 180–200 g (z.B. Kabeljau, Rotbarsch, Dorsch)**
**Salz**
**Saft von 1 Zitrone**
**2 Zwiebeln**
**2 Knoblauchzehen**
**2–4 rote Chilischoten**
**2 EL Öl**
**4 geschälte Tomaten aus der Dose**
**Salz**
**2 EL Kapern**
**3 EL entsteinte grüne Oliven**
**3 gekochte, gewürfelte Kartoffeln**

**1.** Die Fischfilets salzen und mit Zitronensaft beträufeln. Die Zwiebeln fein würfeln, die Knoblauchzehen durchpressen. Die Chilischoten entkernen und in sehr dünne Ringe schneiden.

**2.** Das Öl in einer Pfanne erhitzen und die Zwiebel darin hellgelb anschwitzen, dann den Knoblauch und die Chilischoten hinzufügen und kurz mitbraten.

**3.** Die geschälten Tomaten klein schneiden und in die Pfanne geben. Das Gemüse unter Rühren etwa 5 Minuten köcheln lassen, dann die Fischfilets zusammen mit den Kapern, den Oliven und den Kartoffelwürfeln in die Pfanne geben. Alles in 10 bis 15 Minuten gar dünsten.

## Garnelen mit Knoblauch

- Zubereitungszeit: ca. 20 Min.
- Zeit zum Marinieren: ca. 2 Std.
- ca. 400 kcal je Portion
- Dazu passen gebratene Kartoffeln mit Tomaten *(Rezept S. 55)*

**16 ausgelöste Garnelen**
**Salz**
**gemahlener Pfeffer**
**10–12 Knoblauchzehen**
**6 EL Olivenöl**
**Zum Garnieren:**
**1 Avocado, in Scheiben**
**etwas Limettensaft, ersatzweise Zitronensaft**
**einige Salatblätter**

**1.** Mit einem scharfen Messer den dunklen Darm an der Rückseite der Garnelen entfernen. Das Garnelenfleisch unter fließendem kalten Wasser abbrausen, trockentupfen und der Länge nach nicht ganz durchschneiden. Die Garnelen auf einen großen Teller legen und mit Salz und Pfeffer bestreuen.

**2.** Die Knoblauchzehen in dünne Scheiben schneiden und über die Garnelen geben. Den Teller mit Klarsichtfolie abdecken und die Garnelen im Kühlschrank mindestens 2 Stunden ziehen lassen.

**3.** Das Öl in einer großen Pfanne erhitzen und die Garnelen zusammen mit den Knoblauchscheiben bei mittlerer Hitze darin unter Rühren braten, bis sie rot sind. Dabei darauf achten, daß der Knoblauch nicht anbrennt.

**4.** Die Avocadoscheiben mit dem Limettensaft beträufeln und zusammen mit den gebratenen Garnelen auf Salatblättern anrichten.

## Rotbarsch mit Petersilie

- Zubereitungszeit: ca. 1/2 Std.
- ca. 320 kcal je Portion
- Dazu passen gedämpfte Kartoffeln

**1 küchenfertiger Rotbarsch (ca. 1 kg)**
**Salz**
**4 EL Olivenöl**
**1 Bund Petersilie**
**1 Zwiebel**
**3 Knoblauchzehen**
**3–4 EL Weißwein- oder Apfelessig**
**einige Petersilienzweige**
**zum Garnieren**

**1.** Den Backofen auf 220 °C vorheizen. Den Fisch mit Salz einreiben. Eine feuerfeste Form mit etwa 1 Eßlöffel Öl auspinseln, den Fisch hineinlegen und mit dem restlichen Öl beträufeln. Den Rotbarsch etwa 1/4 Stunde im Ofen garen.

**2.** Inzwischen die Petersilienblättchen von den Stengeln zupfen, die Zwiebel vierteln und die Knoblauchzehen halbieren. Die Petersilie zusammen mit Zwiebelvierteln, Knoblauch und Essig pürieren oder sehr fein hacken. Die Mischung leicht salzen.

**3.** Den gegarten Fisch auf eine vorgewärmte Platte legen und mit Petersilienzweigen garnieren. Die Petersiliensauce getrennt dazu reichen.
*(auf dem Foto oben)*

## Stockfisch auf mexikanische Art

- Zubereitungszeit: ca. 1 Std.
- Zeit zum Wässern: ca. 2 Tage
- ca. 760 kcal je Portion
- Dazu paßt Reis

**700 g Stockfisch (an der Luft getrockneter Fisch, meist Kabeljau, Seelachs oder Schellfisch)**
**1 Zwiebel**
**8–10 Knoblauchzehen**
**700 g geschälte Tomaten aus der Dose**
**2 gekochte Kartoffeln**
**50 g entsteinte grüne Oliven**
**2–3 frische grüne Chilischoten**
**2–3 EL Öl**
**20 g Rosinen**
**2 EL gehackte Petersilie**

**1.** Den Stockfisch 2 Tage wässern, dabei das Wasser jeden Tag erneuern. Anschließend den Fisch in einen Topf geben, knapp mit frischem Wasser bedecken und etwa 15 Minuten kochen lassen. Ihn dann herausnehmen, alle Gräten mit einer Pinzette entfernen und das Fischfleisch kleinschneiden.

**2.** Die Zwiebel fein würfeln, den Knoblauch durchpressen. Die Tomaten vierteln, die Kartoffeln in Scheiben schneiden. Die Oliven halbieren, die Chilischoten entkernen und in Ringe schneiden.

**3.** Das Öl in einem Topf erhitzen und die Zwiebelwürfel darin hellgelb anschwitzen, dann den Knoblauch hinzufügen und mitbraten, aber nicht braun werden lassen. Die Tomaten dazugeben. Die Sauce bei milder Hitze köcheln lassen, bis sie leicht eingedickt ist.

**4.** Das Fischfleisch zusammen mit allen übrigen Zutaten in die Sauce geben und alles etwa 10 Minuten leise köcheln lassen, dabei öfter umrühren. Das Gericht mit der Petersilie bestreuen.
*(auf dem Foto unten)*

**Tip:**
Beim Kauf des Stockfisches darauf achten, daß das Fleisch weiß und nicht gelblich ist.

SCHNELL • FRUCHTIG-HERB

BRAUCHT ZEIT • PIKANT

## Fisch mit Koriander

- Zubereitungszeit: ca. 3/4 Std.
- ca. 220 kcal je Portion
- Dazu paßt Reis

**4 Fischfilets à 180–200 g**
**(z.B. Kabeljau, Rotbarsch, Schellfisch)**
**Salz, gemahlener weißer Pfeffer**
**Saft von 1 Zitrone**
**1 Zwiebel, 2 Knoblauchzehen**
**3 chiles jalapeños aus der Dose**
**3 El Olivenöl, 3–4 EL Korianderblättchen**

**1.** Den Ofen auf 250 °C vorheizen. Die Fischfilets salzen, pfeffern und mit Zitronensaft beträufeln. Die Zwiebel fein würfeln, die Knoblauchzehen durchpressen. Die Chilischoten entkernen und kleinschneiden.

**2.** Etwa 2 Eßlöffel Öl in einer Pfanne erhitzen, die Zwiebel darin hellgelb anschwitzen, den Knoblauch und die Chilischoten dazugeben und alles etwa 2 Minuten dünsten.

**3.** Eine feuerfeste Form mit dem restlichen Öl ausstreichen, die Fischfilets hineinlegen und die übrigen Zutaten gleichmäßig darauf verteilen. Die Form mit Alufolie verschließen und alles 15 bis 20 Minuten garen lassen. Den Fisch mit Koriander bestreut servieren.

## Barsch in bunter Sauce

- Zubereitungszeit: ca. 1/2 Std.
- Zeit zum Einweichen: ca. 1 Std.
- ca. 180 kcal je Portion
- Dazu paßt Reis

**2 getrocknete chiles anchos**
**8 halbierte Knoblauchzehen**
**1 TL getrockneter Oregano**
**2 gehäutete Tomaten, 1 geviertelte**
**Zwiebel, 2 EL Schweineschmalz**
**750 g Seebarschfilet**
**80 ml Rotweinessig**
**Saft von 1 Bitterorange**
**Salz, gemahlener weißer Pfeffer**

**1.** Die chiles anchos 1 Stunde in warmem Wasser einweichen, entkernen und hacken. Die Knoblauchzehen zusammen mit Chilis und Oregano pürieren. Die Tomaten vierteln, mit den Zwiebelvierteln ebenfalls pürieren.

**2.** Das Schmalz erhitzen und das Chilipüree darin anbraten. Die Fischfilets hinzufügen und sie 5 Minuten unter mehrmaligem Wenden garen. Anschließend Tomatenpüree, Essig und Orangensaft hinzufügen und vorsichtig umrühren. Das Gericht salzen und pfeffern und noch einige Minuten köcheln lassen.

## Fisch mit Tomatensauce

- Zubereitungszeit: ca. $^3/_4$ Std.
- ca. 260 kcal je Portion
- Dazu passen gegrillte Maiskolben *(Rezept S. 53)*

**4 küchenfertige Forellen (à ca. 200 g)**
**Salz, 2 Eier, 4 EL Olivenöl**
**4 gehäutete, große Tomaten, 1 Zwiebel**
**1–2 frische rote Chilischoten, 2 EL Essig**
**3–4 EL gehacktes Koriandergrün**

**1.** Die Fische waschen, trockentupfen und innen und außen mit Salz einreiben. Die Eier verquirlen und die Fische einzeln darin wenden. In einer Pfanne etwa 3 Eßlöffel Öl erhitzen und die Fische darin von beiden Seiten in etwa 12 Minuten goldbraun braten. Sie herausnehmen und warm stellen.

**2.** Für die Sauce Tomaten und Zwiebeln vierteln, die Chilischoten entkernen. Diese Zutaten zusammen mit Salz und Essig pürieren. Das restliche Öl in einer Pfanne erhitzen und das Tomaten-Chilipüree darin in etwa 10 Minuten einkochen lassen. Dann das Koriandergrün hinzufügen.

**3.** Die Fische auf einer Platte anrichten und die Tomatensauce getrennt dazu reichen.

BRAUCHT ZEIT • WÜRZIG

## Muscheln auf mexikanische Art

- Zubereitungszeit: ca. $^3/_4$ Std.
- ca. 230 kcal je Portion
- Dazu passen Tortillas

**$1^1/_2$ kg küchenfertige Miesmuscheln**
**Salz, etwas Fett für die Form**
**1 Zwiebel, 3 gehäutete Tomaten**
**2 grüne Paprikaschoten**
**2–4 frische grüne oder rote Chilischoten**
**1 EL Öl, 1 gehackte Knoblauchzehe**
**2 EL Butterflöckchen, 50 g Semmelbrösel**

**1.** Die Muscheln in wenig Salzwasser 15 bis 20 Minuten garen (geschlossen gebliebene wegwerfen) und in eine gefettete Form geben. Backofen auf 250 °C vorheizen. Zwiebel, Tomaten und Paprikaschoten würfeln, Chilischote entkernen und in Ringe schneiden.

**3.** Öl erhitzen und Zwiebelwürfel darin goldbraun braten. Chiliringe, Tomaten- und Paprikawürfel hinzugeben und unter Rühren etwa 5 Minuten braten, Knoblauch hinzufügen und alles salzen. Die Sauce über die Muscheln geben, mit Butterflöckchen belegen und mit den Semmelbröseln bestreuen. Im Ofen überbacken, bis die Oberfläche goldbraun ist.

## Krake auf mexikanische Art

- Zubereitungszeit: ca. 1 Std.
- ca. 230 kcal je Portion
- Dazu passen gedämpfte Kartoffeln

**900 g küchenfertige Kraken**
**1 Zwiebel**
**4 Knoblauchzehen**
**3 chiles jalapeños aus der Dose (ersatzweise 3–6 getrocknete Chilischoten)**
**2 El Olivenöl**
**Salz, gemahlener schwarzer Pfeffer**
**1 kleine Dose geschälte Tomaten**
**2 EL Kapern**
**2 EL gehackte Petersilie**

**1.** Die Kraken in etwa 3 cm große Stücke schneiden, die Zwiebel fein würfeln und den Knoblauch durchpressen. Die Chilischoten entkernen und kleinschneiden, getrocknete Chilis zerreiben.

**2.** Das Öl in einer großen Pfanne erhitzen und die Zwiebelwürfel darin hellgelb anschwitzen, dann die Krakenstücke hinzufügen und unter Rühren etwa 5 Minuten mitbraten. Falls sich Flüssigkeit bildet, so lange bei großer Hitze weiterbraten, bis sie vollständig verdampft ist.

**3.** Den Knoblauch und die Chilischoten hinzufügen, salzen und pfeffern. Die geschälten Tomaten zerdrücken und ebenfalls in die Pfanne geben.

**4.** Die Pfanne mit einem Deckel schließen und alles etwa 1/2 Stunde köcheln lassen. Dann die Kapern hinzufügen und offen etwa 10 Minuten weiterkochen lassen, bis die Sauce stark eingedickt ist. Das Gericht mit der Petersilie bestreuen.

## Seezunge mit roter Sauce

- Zubereitungszeit: ca. 1/2 Std.
- Zeit zum Einweichen: 1–2 Std.
- ca. 310 kcal je Portion
- Dazu paßt Reis

**4 getrocknete chiles anchos**
**3 getrocknete chiles pasillas**
**4 Seezungenfilets (à ca. 180–200 g)**
**Salz**
**Saft von 1/2 Zitrone**
**Mehl zum Wenden**
**2 EL Olivenöl**
**1 Zwiebel**
**4 Knoblauchzehen**
**1 Tomate**
**2 EL Öl**

**1.** Die beiden Chilisorten etwa 1 bis 2 Stunden in warmem Wasser einweichen, anschließend die Kerne entfernen und das Fruchtfleisch kleinschneiden. Die Fischfilets salzen, mit Zitronensaft beträufeln und in Mehl wenden.

**2.** Die Zwiebel in Würfel schneiden, die Knoblauchzehen durchpressen. Die Tomate überkreuz einritzen, mit heißem Wasser überbrühen, enthäuten und vierteln.

**3.** Das Olivenöl in einer Pfanne erhitzen, die Zwiebelwürfel darin goldgelb werden lassen, dann Knoblauch, Chilischoten und Tomatenviertel dazugeben und alles unter ständigem Rühren etwa 3 Minuten schmoren lassen.

**4.** In einer anderen Pfanne das Öl heiß werden lassen, die Fischfilets hineingeben und von beiden Seiten goldbraun braten. Die Fischfilets auf Tellern anrichten, die Sauce darübergießen und alles sofort servieren.

# GEMÜSE-GERICHTE, BEILAGEN UND SAUCEN

Gemüse und Hülsenfrüchte spielen in der mexikanischen Küche eine große Rolle. Wer gerne vegetarisch ißt, kann sich ein ganzes Menü aus diesem Kapitel zusammenstellen.

## Reisauflauf mit Paprikaschoten, Mais und Käse

Zubereitungszeit: ca. 1 1/2 Std.

ca. 440 kcal je Portion

Dazu paßt Blattsalat oder gebratener Fisch

220 g Langkornreis
2 EL Öl
1/2 l Hühnerbrühe
Salz
1 kleine Zwiebel
1 grüne Paprikaschote
2 Knoblauchzehen
1 Mozzarella (125 g)
1 Dose Maiskörner (280 g)
etwas Fett für die Form
Butterflöckchen
3 EL geriebener Käse
(Emmentaler oder Gruyère)

**1.** Den Reis in einem Sieb unter fließendem Wasser waschen und ihn gut abtropfen lassen. Dann in einem Topf etwa 1 Eßlöffel Öl erhitzen und den Reis darin unter Rühren etwa 3 Minuten anbraten. Dann die Hühnerbrühe angießen, etwas Salz hinzufügen und den Reis darin in 15 bis 20 Minuten garen.

**2.** Den Backofen auf 200 °C vorheizen. Während der Reis kocht, die Zwiebel und die Paprikaschote würfeln, beides miteinander mischen. Die Knoblauchzehen durchpressen, die Mozzarella ebenfalls würfeln und die Maiskörner in ein Sieb geben und abtropfen lassen.

**3.** Eine feuerfeste Auflaufform ausfetten und die Hälfte des Reises einfüllen. Darauf die Zwiebel-Paprika-Mischung verteilen und die Maiskörner darüber streuen. Als nächste Schicht die Mozzarellawürfel in die Form geben und diese mit dem restlichen Reis bedecken.

**4.** Den Auflauf mit Butterflöckchen besetzen, mit dem geriebenen Käse bestreuen und im Backofen 30 bis 40 Minuten goldbraun überbacken.

**Hinweis:**
Mit Salat serviert, ist der Auflauf eine vollständige Mahlzeit für 4 Personen, oder eine Beilage zu Fleisch oder Fisch für 6 Personen. Wer es gerne scharf mag, kann der Zwiebel-Paprika-Mischung auch einige Chilischoten hinzufügen.

BRAUCHT ZEIT • **MILD**

## Reis auf mexikanische Art

- Zubereitungszeit: ca. 3/4 Std.
- ca. 270 kcal je Portion
- Paßt zu gefüllten Avocados *(Rezept S. 9)*

**200 g Langkornreis**
**2 Tomaten**
**1 Zwiebel**
**2 Knoblauchzehen**
**2 Karotten**
**1 grüne Paprikaschote**
**2 EL Öl, Salz**
**2 EL gehacktes Koriandergrün**

**1.** Den Reis in einem Sieb unter fließendem Wasser waschen und ihn dann gut abtropfen lassen.

**2.** Die Tomaten überkreuz einritzen, mit heißem Wasser überbrühen, enthäuten, von den Stielansätzen befreien und würfeln. Die Zwiebel vierteln, den Knoblauch halbieren. Die Tomaten zusammen mit Zwiebel und Knoblauch pürieren. Die Karotten schälen und in feine Scheiben schneiden, die Paprikaschote fein würfeln.

**3.** Das Öl in einem Topf erhitzen und den Reis und die Karottenscheiben darin unter Rühren 2 bis 3 Minuten braten. Tomatenpüree, Paprikawürfel und etwa 300 bis 350 ml Wasser hinzufügen, salzen und aufkochen lassen.

**4.** Dann den Topf verschließen und den Reis bei sehr milder Hitze in 20 bis 25 Minuten ausquellen lassen. Eventuell noch etwas Wasser hinzufügen. Das fertige Gericht mit dem Koriandergrün bestreuen.
*(auf dem Foto oben)*

**Tip:**
Man kann dieses Gericht gehaltvoller machen, indem man kleingewürfeltes Hühnerfleisch oder Hühnerleber mitkocht.

## Rote Bohnen

- Zubereitungszeit: ca. 1/2 Std.
- ca. 140 kcal je Portion
- Paßt als Füllung zu Tortillas *(Rezept S. 6)* oder als Beilage zu Fleisch oder Reis

**2 kleine Dosen rote Bohnen (à 240 g)**
**1 Zwiebel**
**4 Knoblauchzehen**
**1 EL Schweineschmalz**
**2 chiles jalapeños aus der Dose, ersatzweise 4–6 getrocknete rote Chilischoten**
**2 große Tomaten aus der Dose**

**1.** Die Bohnen in einem Sieb abtropfen lassen. Die Zwiebel fein würfeln, die Knoblauchzehen durchpressen.

**2.** Das Schmalz in einem kleinen Topf erhitzen und die Zwiebelwürfel darin goldbraun braten, dann den Knoblauch hinzufügen und kurz mitbraten.

**3.** Die Chilischoten entkernen und in kleine Stücke schneiden, getrocknete Chilis zerreiben. Die geschälten Tomaten abtropfen lassen. Diese Zutaten zusammen mit den Bohnen in den Topf geben und unter Rühren etwa 5 Minuten kochen lassen, bis das Gericht eine dickflüssig Konsistenz hat.
*(auf dem Foto unten)*

## Zucchini mit Knoblauch

- Zubereitungszeit: ca. 1/4 Std.
- ca. 120 kcal je Portion
- Paßt zu gebratenem Fleisch

**600 g Zucchini**
**5 Knoblauchzehen**
**3–4 EL Olivenöl**
**Salz**
**gemahlener schwarzer Pfeffer**

**1.** Die Zucchini waschen, vom Stielansatz befreien und in knapp 1 cm dicke Stücke schneiden. Die Knoblauchzehen durchpressen.

**2.** Das Öl in einer großen Pfanne erhitzen und die Zucchinischeiben darin bei starker Hitze unter Rühren etwa 4 Minuten braten. Dann mit Salz und Pfeffer abschmecken.

**3.** Die Hitze reduzieren, den Knoblauch in die Pfanne geben und alles unter Rühren weitere 2 bis 3 Minuten braten. Die Zucchinischeiben sollen noch Biß haben.

SCHNELL • HERZHAFT

## Kichererbsen

- Zubereitungszeit: ca. 1/4 Std.
- ca. 120 kcal je Portion
- Paßt zu gepökeltem Rindfleisch *(Rezept S. 28)*

**2 Dosen Kichererbsen**
**(à 240 g)**
**1 Zwiebel**
**2 Knoblauchzehen**
**1 rote Chilischote**
**Salz**
**1 EL Öl**

**1.** Die Kichererbsen in einem Sieb abtropfen lassen. Die Zwiebel fein würfeln, die Knoblauchzehen durchpressen, die Chilischote entkernen und in feine Ringe schneiden.

**2.** Das Öl in einer Pfanne erhitzen und die Zwiebelwürfel darin hellbraun braten, dann die Knoblauchzehen hinzufügen und kurz mitbraten. Die Chiliringe dazugeben und ebenfalls kurz mitanbraten.

**3.** Die Kichererbsen in die Pfanne geben und erhitzen, alles nach Geschmack salzen.

## Gegrillte Maiskolben

- Zubereitungszeit: ca. 1 1/4 Std.
- ca. 290 kcal je Portion
- Dazu passen gegrillte Rippchen

**2 EL zimmerwarme Butter**
**Salz**
**gemahlener schwarzer Pfeffer**
**1 TL Paprikapulver**
**1/2 TL getrockneter Majoran**
**4 frische Maiskolben**
**einige Salatblätter zum Einwickeln**

**1.** Den Backofen auf 180 °C vorheizen. Die Butter mit den Gewürzen vermischen und die Maiskolben damit rundum bestreichen.

**2.** Die Salatblätter waschen, trockenschleudern oder zwischen Küchenkrepp legen und leicht ausdrücken. Die Maiskolben mit den Salatblättern umwickeln und diese mit Küchengarn vorsichtig verschnüren.

**3.** Einen Backrost mit Alufolie belegen, die Maiskolben darauf legen und diese im Backofen oder auf dem Grill in etwa 1 Stunde garen, dabei öfter wenden. Die Maiskolben aus den Salatblättern wickeln und warm servieren.

## Gewürzte Linsen

- Zubereitungszeit: ca. 1 1/4 Std.
- ca. 230 kcal je Portion
- Paßt zu Tortillas

**2 getrocknete chiles anchos**
**200 g braune Linsen, 1 Zwiebel**
**2–4 chiles serranos aus der Dose**
**2 gehäutete Tomaten**
**1 EL Schweineschmalz**
**3 durchgepreßte Knoblauchzehen**
**1 epazote-Zweig, Salz, 1/2 TL Zucker**

**1.** Chiles anchos 1/2 Stunde in warmem Wasser einweichen. Die Linsen mit Wasser bedecken und im geschlossenen Topf etwa 20 Minuten vorgaren.

**2.** Chiles anchos entkernen und kleinschneiden, Zwiebel fein würfeln, chiles serranos entkernen und in feine Ringe schneiden. Die Tomaten vierteln. Linsen abtropfen lassen. Schmalz erhitzen, Zwiebelwürfel darin goldgelb braten, dann Knoblauch kurz mitbraten. Chilisorten, Tomatenviertel und epazote-Zweig dazugeben, dann Linsen unterrühren.

**3.** Alles mit Salz und dem Zucker abschmecken und zugedeckt 30 bis 40 Minuten köcheln lassen. Eventuell Wasser angießen.

## Pilze mit Chipotle-Chile

- Zubereitungszeit: ca. $^1/_2$ Std.
- ca. 90 kcal je Portion
- Paßt zu gebratenem Fisch

**400 g Champignons**
**1 Zwiebel**
**2 Knoblauchzehen**
**2 chiles chipotles aus der Dose**
**1 Tomate**
**2 EL Öl**
**Salz**
**gemahlener weißer Pfeffer**
**Saft von $^1/_2$ Zitrone**
**1 EL gehackte Petersilie**

**1.** Größere Champignons halbieren. Die Zwiebel und den Knoblauch fein hacken, die Chilischoten entkernen und in Ringe schneiden. Die Tomate überkreuz einritzen, mit heißem Wasser überbrühen, enthäuten, vom Stielansatz befreien und vierteln.

**2.** Das Öl in einer Pfanne erhitzen , Zwiebel- und Knoblauchstückchen darin hellgelb werden lassen, dann die Pilze und etwa 2 Teelöffel von dem Einlegesud der Chilischoten hinzufügen und bei starker Hitze unter Rühren etwa 2 Minuten braten.

**3.** Dann Tomatenviertel und chiles chipotles in die Pfanne geben, alles erhitzen, salzen, pfeffern und mit dem Zitronensaft abschmecken.

## Gebratene Kartoffeln mit Tomaten

- Zubereitungstzeit: ca. 3/4 Std.
- ca. 150 kcal je Portion
- Dazu paßt ein Salat

**700 g festkochende Kartoffeln**
**1 Zwiebel**
**1 EL Schweineschmalz**
**Salz**
**gemahlener schwarzer Pfeffer**
**2 große Tomaten**
**1 chile serrano aus der Dose**
**1 Knoblauchzehe**

**1.** Die Kartoffeln schälen und in dünne Scheiben schneiden. Die Zwiebel würfeln.

**2.** Das Schmalz in einer großen Pfanne erhitzen und die Kartoffelscheiben zusammen mit den Zwiebelwürfeln darin unter Rühren goldbraun braten. Salzen und pfeffern, die Hitze reduzieren und die Kartoffeln in 20 Minuten gar dünsten.

**3.** In der Zwischenzeit die Tomaten überkreuz einritzen, mit heißem Wasser überbrühen, enthäuten, vom Stielansatz befreien und vierteln, die chile serrano entkernen, und die Knoblauchzehe halbieren. Diese Zutaten pürieren und leicht salzen.

**4.** Das Tomaten-Chilipüree über die Kartoffeln geben und alles noch etwa 5 Minuten köcheln lassen, bis die Kartoffeln ganz weich sind und die Sauce eingekocht ist.

## Mangold mit saurer Sahne

- Zubereitungszeit: ca. 1 Std.
- Zeit zum Abkühlen: ca. 20 Min.
- ca. 110 kcal je Portion
- Paßt zu gegrilltem Huhn

**2 grüne Paprikaschoten**
**600 g Mangold**
**1 Zwiebel**
**2 Knoblauchzehen**
**1 EL Schweineschmalz**
**50 ml Brühe**
**2–3 EL saure Sahne**
**Salz**
**gemahlener schwarzer Pfeffer**

**1.** Den Grill vorheizen. Die Paprikaschoten waschen und auf dem Grill so lange rösten, bis sie Blasen werfen. Sie dann in einen Topf geben, den Deckel schließen und die Schoten darin etwa 20 Minuten abkühlen lassen. Danach die Haut abziehen, alle Kerne entfernen und das Fruchtfleisch pürieren.

**2.** Den Mangold sorgfältig unter fließendem Wasser waschen, die Blätter von den Stielen abschneiden und beides getrennt kleinschneiden. Zwiebel und Knoblauch fein hacken.

**3.** Das Schmalz in einer großen Pfanne erhitzen, die Zwiebelwürfel darin anschwitzen, dann die Mangoldstiele hinzufügen und etwa 10 Minuten dünsten. Anschließend die Mangoldblätter und den gehackten Knoblauch dazugeben und unter Rühren weitere 3 Minuten mitbraten.

**4.** Die Brühe angießen, Paprikaschotenpüree und saure Sahne unterrühren, alles salzen und pfeffern und zugedeckt etwa 5 Minuten erwärmen, aber nicht mehr kochen.
*(auf dem Foto oben)*

## Paprikaschoten mit Mais

- Zubereitungszeit: ca. 1/2 Std.
- ca. 190 kcal pro Portion
- Paßt zu gebratenem Fleisch

**1 Zwiebel**
**2 Knoblauchzehen**
**1 grüne Paprikaschote**
**1 rote Paprikaschote**
**250 g Maiskörner aus der Dose oder TK-Produkt**
**1 El Öl**
**Salz**
**gemahlener schwarzer Pfeffer**
**125 g süße Sahne**

**1.** Zwiebel und Knoblauch fein hacken, Paprikaschoten würfeln. Die Maiskörner, falls aus der Dose, in einem Sieb abtropfen lassen.

**2.** Das Öl in einer Pfanne erhitzen und die Zwiebel darin hellgelb anschwitzen. Dann den Knoblauch und die Paprikawürfel hinzufügen und alles unter Rühren 5 Minuten braten.

**3.** Abgetropfte oder tiefgefrorene Maiskörner hinzugeben, salzen, pfeffern und die Sahne angießen. Das Gericht gut umrühren und offen noch einige Minuten köcheln lassen.
*(auf dem Foto oben)*

**Tip:**
Wer es gerne scharf mag, kann frische oder getrocknete Chilischoten über das Gericht streuen.

BRAUCHT ZEIT • **SAHNIG**

SCHNELL • **FEIN-WÜRZIG**

## Avocadopüree

- Zubereitungszeit: ca. 10 Minuten
- ca. 210 kcal je Portion
- Paßt zu Huhn in Schokoladensauce *(Rezept S. 18)*

**2 große reife Avocados**
**2 Tomaten**
**1 kleine Zwiebel**
**1 Knoblauchzehe**
**3 chiles serranos aus der Dose, ersatzweise 2–3 getrocknete Chilischoten**
**Salz**
**1 EL gehacktes Koriandergrün**

**1.** Die Avocados längs halbieren, jeweils die Kerne entfernen, das Fruchtfleisch mit einem Löffel von den Schalen lösen und pürieren.

**2.** Die Tomaten vom Stielansatz befreien, entkernen und fein würfeln. Die Zwiebel ebenfalls fein würfeln, den Knoblauch durchpressen. Die chiles serranos entkernen und in sehr kleine Stückchen schneiden, getrocknete Chilis zerreiben.

**3.** Alle Zutaten in einer Schüssel gründlich miteinander verrühren und das Püree sofort servieren.

SCHNELL • AROMATISCH

## Tomatensauce

- Zubereitungszeit: ca. 1/2 Std.
- ca. 70 kcal je Portion
- Paßt zu gedünstetem Gemüse

**3 große reife Tomaten**
**1 Zwiebel**
**2 Knoblauchzehen**
**2 chiles serranos aus der Dose, ersatzweise 3–5 getrocknete Chilischoten**
**2 EL Öl**
**Salz**
**1 TL Zucker**
**1 EL gehackte Korianderblättchen**

**1** Die Tomaten überkreuz einritzen, mit heißem Wasser überbrühen, enthäuten, vom Stielansatz befreien und würfeln. Die Zwiebel ebenfalls würfeln, die Knoblauchzehen halbieren, die chiles serranos entkernen und kleinschneiden, getrocknete Chilis zerreiben. Diese Zutaten im Mixer pürieren.

**2.** Das Öl in einem Topf erhitzen und das Tomatenpüree darin etwa 5 Minuten bei milder Hitze köcheln lassen. Die Tomatensauce mit Salz und Zucker abschmecken und mit Korianderblättchen bestreuen.

## Scharfe Orangensauce

Zubereitungszeit: ca. 10 Minuten

ca. 60 kcal je Portion

Paßt zu gebratenem oder gegrilltem Fisch oder Fleisch

**1 Zwiebel**
**2 reife Tomaten**
**3–6 frische grüne Chilischoten**
**Saft von 3 Bitterorangen (ersatzweise Saft von 2 normalen Orangen und 1 Zitrone)**
**Salz**

**1.** Die Zwiebel fein hacken, die Tomaten von den Stielansätzen befreien und würfeln. Die Chilischoten entkernen und in dünne Ringe schneiden.

**2.** Zwiebel- und Tomatenwürfel zusammen mit Chiliringen und Orangensaft in eine Schüssel geben, alles gründlich mischen und mit Salz abschmecken.

## Rohe Sauce

Zubereitungszeit: ca. 1/4 Std

ca. 30 kcal je Portion

Paßt zu gekochtem Fleisch oder Fisch

**2 große reife Tomaten**
**1 Zwiebel**
**1 Knoblauchzehe**
**2–4 frische rote Chilischoten**
**1 Msp. Zucker**
**Salz**
**3 EL gehacktes Koriandergrün**

**1.** Die Tomaten von den Stielansätzen befreien und fein würfeln. Die Zwiebeln ebenfalls fein würfeln, die Knoblauchzehe durchpressen. Die Chilischoten entkernen und fein hacken.

**2.** Tomaten- und Zwiebelwürfel, Knoblauch und Chiliringe in eine Schüssel geben, gründlich miteinander mischen und mit Zucker und Salz abschmecken. Die rohe Sauce mit Koriandergrün bestreuen.

# COCKTAILS

**Wer seinen Gästen ein mexikanisches Menü anbieten möchte, sollte mit einem echt mexikanischen Cocktail beginnen. Hier sind ein paar Anregungen für Cocktails und Getränke, vor oder nach dem Essen zu genießen.**

## Tequila Sunrise

- Für 1 Glas
- Dazu passen Salzstangen

**$^1/_2$ Limette**
**5 cl weißer Tequila**
**1 TL Crème de Cassis (Johannisbeerlikör)**
**1 TL Grenadine-Sirup**
**Mineral- oder Sodawasser**
**einige Eiswürfel**

Die halbe Limette auspressen und den Saft mit dem Tequila in ein hohes Glas geben. Crème de Cassis und Grenadine hinzufügen und umrühren. Das Glas mit Soda auffüllen und einige Eiswürfel hineingeben.

FRISCH

## Cocktail „Zapopan"

Für 1 Portion

Dazu passen gesalzene Erdnüsse

**etwas gestoßenes Eis**
**2 cl weißer Tequila**
**2 cl weißer, süßer Wermuth**
**1 Spritzer Grenadine-Sirup**
**1 frische Erdbeere zum Garnieren**

Gestoßenes Eis in ein hohes Glas geben. Tequila, Wermuth und Grenadine darübergießen. Mit einem Barlöffel den Glasinhalt so lange rühren, bis das Glas beschlägt. Den Cocktail mit der Erdbeere garnieren.

## Grapefruit-Cocktail

Für 1 Portion

Dazu passen Tortilla-Chips

**Saft von 1 Grapefruit**
**2–4 cl dunkler Rum**
**einige Tropfen Maraschino**
**einige Eiswürfel**

Alle Zutaten in einem Shaker gut schütteln und sehr kalt servieren.

## Margarita

Für 1 Glas

Dazu passen gefüllte Oliven

**$^1/_2$ Zitrone, Salz, 2 cl Tequila**
**1 cl Curacao (Orangenlikör)**
**2 cl Zitronensaft, einige Eiswürfel**

Den Rand von einem Cocktailglas mit der Zitrone einreiben und in Salz tauchen. Die übrigen Zutaten verrühren. Eiswürfel ins Glas geben und die Mischung darübergießen.

## Krokodilschwanz

Für 2 Gläser

Dazu passen Salzstangen

**$^1/_8$ l trockener Weißwein**
**10 cl Gin oder Wodka**
**je 1 TL Zitronensaft, Puderzucker und Crème de Menthe (Pfefferminzlikör)**

Alle Zutaten in einem Shaker kräftig schütteln und in vorgekühlte Gläser füllen.

## Sangrita

Für ca. 20 Portionen

Dazu passen Cracker

**1 l Tomatensaft, 10 cl Orangensaft**
**5 cl Zitronensaft, 1 feingehackte Zwiebel**
**1–2 TL Salz, 1–2 TL Zucker**
**einige Spritzer Tabasco**
**Saft von 2 Limetten, eventuell Tequila**

Alle Zutaten außer dem Tequila im Mixer pürieren. Den Saft in kleine, mit Eiswürfeln gefüllte Gläser füllen und eventuell mit einem Schuß Tequila abschmecken.

# EINFACH GUT

## Jeder Titel mit 64 Seiten, ca. 50 Farbfotos, kartoniert.

**DM 9,90**, S 79,–, SFr 10,90
ISBN: 3-8068-**1293**-4

**DM 9,80**, S 79,–, SFr 10,80
ISBN: 3-8068-**1294**-2

**DM 9,80**, S 79,–, SFr 10,80
ISBN: 3-8068-**1331**-0

**DM 9,80**, S 79,–, SFr 10,80
ISBN: 3-8068-**1408**-2

**DM 9,80**, S 79,–, SFr 10,80
ISBN: 3-8068-**1417**-1

**DM 9,80**, S 79,–, SFr 10,80
ISBN: 3-8068-**1404**-X

## In der Reihe EINFACH GUT sind ebenfalls erschienen:

**Waffeln**
**DM 9,80**, S 79,–, SFr 10,80
ISBN: 3-8068-**1296**-9

**Italienische Küche**
**DM 9,90**, S 79,–, SFr 10,90
ISBN: 3-8068-**1299**-3

**Vegetarisches aus dem Wok**
**DM 9,80**, S 79,–, SFr 10,80
ISBN: 3-8068-**1412**-0

**Cocktails & Drinks**
**DM 9,80**, S 79,–, SFr 10,80
ISBN: 3-8068-**1292**-6

**Kartoffelgerichte**
**DM 9,90**, S 79,–, SFr 10,90
ISBN: 3-8068-**1297**-7

**Köstliches aus dem Tontopf**
**DM 9,80**, S 79,–, SFr 10,80
ISBN: 3-8068-**1332**-9

**Fritieren**
**DM 9,80**, S 79,–, SFr 10,80
ISBN: 3-8068-**1350**-7

**Fernöstliche Küche**
**DM 9,80**, S 79,–, SFr 10,80
ISBN: 3-8068-**1384**-1

**Das essen Kinder gern**
**DM 9,80**, S 79,–, SFr 10,80
ISBN: 3-8068-**1405**-8

**Longdrinks**
**DM 9,80**, S 79,–, SFr 10,80
ISBN: 3-8068-**1345**-0

**Quiches, Tartes**
**DM 9,80**, S 79,–, SFr 10,80
ISBN: 3-8068-**1407**-4

**Fondues**
**DM 9,90**, S 79,–, SFr 10,90
ISBN: 3-8068-**1298**-5

TIEFE

# Rezeptverzeichnis



Dieses Buch gehört zu einer Kochbuchreihe, die die beliebtesten Themen aus dem Bereich Essen und Trinken aufgreift. Fragen Sie Ihren Buchhändler.

Bei den folgenden Firmen kann man Lebensmittel für die mexikanische Küche bestellen:

Mexico Haus
Wichmannstraße 4
22607 Hamburg
Tel.: 040 / 89 46 84

Gewürzhaus
Alfred Ewert
Weender Straße 84
37073 Göttingen
Tel.: 0551 / 570 20

Mex- AL EL
Sombrero GmbH
An der Schurzelter
Brücke 13
52074 Aachen
Tel.: 0241 / 144 91

Mai Ling
Westenriederstraße 8a
80331 München
Tel.: 089 / 29 40 11


Die Deutsche Bibliothek – CIP-Einheitsaufnahme

**Zingerling, Cornelia**
Mexikanische Küche / Cornelia Zingerling. –
Niedernhausen/Ts. : FALKEN, 1994
(Einfach gut)
ISBN 3-8068-1439-2
NE: HST

ISBN 3 8068 1439 2





Umschlaggestaltung: Peter Udo Pinzer
Gestaltungskonzeption: Christa-Johanna Gramm
Titelbild: Photographie Brigitte Harms, Hamburg
(Rezepte „Huhn in Chili-Schokoladen-Sauce" S. 18/19, „Zucchini mit Knoblauch" S. 52, „Kichererbsen mit Chili" S. 52, „Gewürzte Linsen" S. 53)
Fotos: Photographie Brigitte Harms, Hamburg;
S. 60 o.: FALKEN Archiv
Produktion: Dr. Reitter & Partner GmbH, Vaterstetten
Satz: Dr. Reitter & Partner GmbH, Vaterstetten
Druck: Ludwig Auer GmbH, Donauwörth

817 2635 4453 6271